Wolfgang Berke   Wolfgang Quickels

Auf Crange!

Das Buch zur Kirmes

Mitarbeit:
Ruth Albus
Heinz-Jürgen Bourichter
Björn Koch
Annette Krus-Bonazza
Stefan Kuhn
Arne Pöhnert
Carola Quickels

in Kooperation mit
halloherne.de

KLARTEXT

Auf Crange! – Das Buch zur Kirmes
Wolfgang Berke / Wolfgang Quickels u.a.
Klartext Verlag, Essen
1. Auflage 2014
ISBN 978-3-8375-1125-3

Umschlagfoto: Wolfgang Quickels
Umschlaggestaltung: Volker Pecher
Idee und Konzept: Wolfgang Berke/Wolfgang Quickels, Mitarbeit: Annette Krus-Bonazza
Texte und Gestaltung: Wolfgang Berke (medienbuero-ruhr.de)
Fotos: Wolfgang Quickels (außer wie unten angegeben)
© Klartext Verlag, medienbüro -ruhr-
Druck: Proost, Turnhout (B)

Weitere Fotos von
Ruth Albus: 30, 48 unten beide, 50 unten beide, 51 oben und Mitte, 56 oben, 57 oben, 59 unten Mitte, 82 oben
Hans Blossey: 88/89, 90
Heinz-Jürgen Bourichter: 15 (3), 17 (4), 28/29, 38 unten, 54 beide, 55 unten, 59 oben und unten rechts, 72 (4), 73 (3), 74 (3), 75 unten links, 78 oben
Björn Koch: 8, 18 Mitte und unten, 46 unten, 49 unten links, 66 (4), 67 unten beide, 69 oben rechts, 80 unten, 81 unten rechts, 97 oben, 109 (4), 111 Mitte und unten
Stefan Kuhn: 113 oben, 114 unten, 115 unten
Arne Pöhnert: 14 oben, 18 oben, 32, 74 unten rechts, 78/79, 82 unten, 82/83, 94/95, 107 (7), 112 (2), 113 unten, 114 oben, 115 oben
Carola Quickels: 23 Mitte links, 24 unten rechts, 26 (5), 27 (3), 46 oben, 78 unten, 103 oben

Ingo Thran (für Stadtmarketing Herne): 104/105

Wortbildmarke Cranger Kirmes, Kirmes-Logo, Plakatmotiv 2014 (S. 122)
mit freundlicher Genehmigung des Stadtmarketings Herne

Historische Plakate (S. 124 bis 128) mit freundlicher Genehmigung der Stadt Herne

Bildarchiv der Stadt Herne: alle historischen Aufnahmen mit Ausnahme von
Walther Müller/WAZ: 16 (2), 27 unten, 33, 56 oben, 58 oben, 61 unten, 68 (2), 71 Mitte links, 87 oben, 110 Mitte rechts und unten
Archiv Wolfgang Berke: 9 unten, 39 unten, 41 unten, 45 oben, 116 unten, 121 oben
Gerhard Krumme: 57 oben
Archiv Rainer Schulz: 120 Mitte beide

Alle in diesem Buch enthaltenen Angaben wurden nach bestem Wissen erstellt und mit größtmöglicher Sorgfalt überprüft. Gleichwohl sind – wie wir im Sinne des Produkthaftungsrechtes betonen müssen – inhaltliche Fehler nicht vollständig auszuschließen. Daher erfolgen alle Angaben ohne jegliche Verpflichtung oder Garantie des Verlages oder der Autoren. Die Genannten übernehmen keinerlei Verantwortung oder Haftung für inhaltliche Unstimmigkeiten.
Verfasser und Verlag haben sich bemüht, die Urheberrechtsinhaber aller verwendeten Abbildungen ausfindig zu machen. Sollten dennoch geltende Ansprüche nicht berücksichtigt sein, bitten wir um Nachricht an den Verlag.

www.klartext-verlag.de   www.halloherne.de   www.extraruhr.de

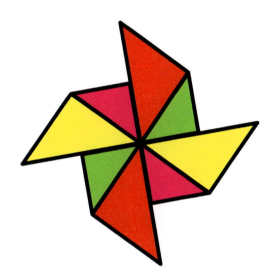

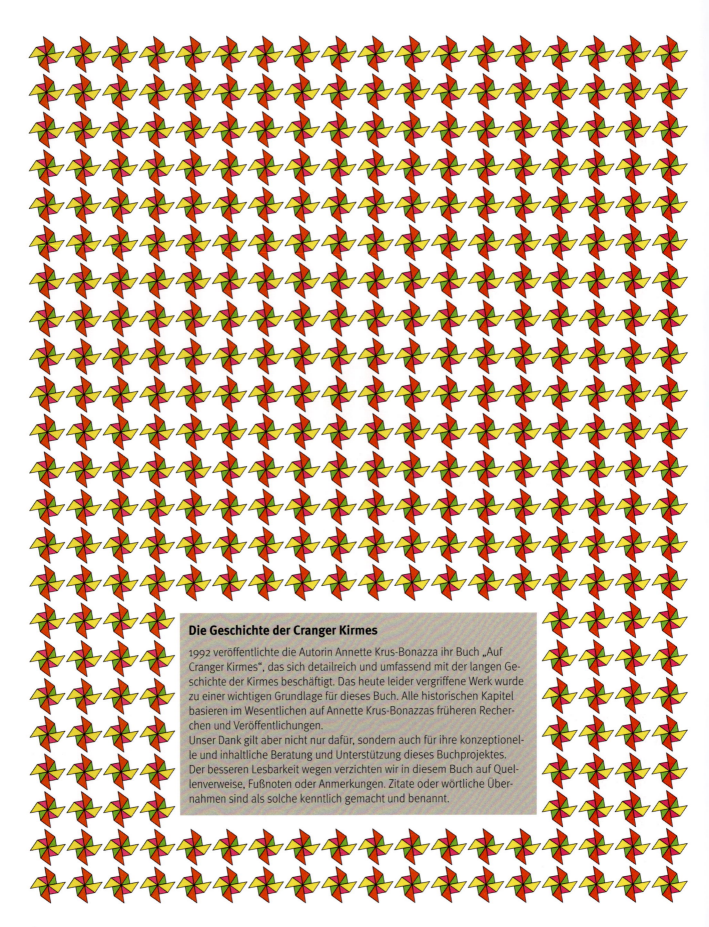

Die Geschichte der Cranger Kirmes

1992 veröffentlichte die Autorin Annette Krus-Bonazza ihr Buch „Auf Cranger Kirmes", das sich detailreich und umfassend mit der langen Geschichte der Kirmes beschäftigt. Das heute leider vergriffene Werk wurde zu einer wichtigen Grundlage für dieses Buch. Alle historischen Kapitel basieren im Wesentlichen auf Annette Krus-Bonazzas früheren Recherchen und Veröffentlichungen.
Unser Dank gilt aber nicht nur dafür, sondern auch für ihre konzeptionelle und inhaltliche Beratung und Unterstützung dieses Buchprojektes.
Der besseren Lesbarkeit wegen verzichten wir in diesem Buch auf Quellenverweise, Fußnoten oder Anmerkungen. Zitate oder wörtliche Übernahmen sind als solche kenntlich gemacht und benannt.

Inhalt

Willkommen auf Crange!	6
Historie: Am Anfang war das Pferd	9
Aufbau: Der Countdown läuft	13
Historie: Von Neugier und Vorfreude	16
Historie: Piel op no Crange	20
Der Umzug: Auf geht's nach Crange	21
Cranger Tor	28
Fahrgeschäfte: höher, schneller weiter	30
Historie: Wie die Kirmes auf Touren kam	32
Vorsicht – Hochspannung!	42
Historie: Als der Strom nach Crange kam	45
Menschen auf der Kirmes: Wir sind das Volk!	46
Kinder: Wir sind das (kleine) Volk!	54
Historie: Sitte, Anstand und Moral – Gefahr für die Jugend!	60
Entertainment: Viel Vergnügen!	65
Historie: Lose, Treffer, Sensationen	70
Gastronomie: Guten Appetit – zum Wohl!	72
Historie: Auf Crange war schon immer lecker	76
Besucherzahlen: Mensch ist das voll hier!	78
Historie: Wie aus ein paar Hundert einige Millionen wurden	84
Größer geht nicht	88
Historie: Seit 100 Jahren Platzprobleme	90
Voll die Deko	92
Der Name: Nur Schall und Rauch?	94
Kosten, Gelder und Gewinne	96
Richtlinien: Wer darf eigentlich nach Crange?	98
Historie: Geld war schon immer Thema	100
Feuerwerk: Lass krachen!	102
Die Macher und ihre Helfer	106
Historie: Schausteller	110
Feierabend!	112
Historie: Die Suche nach dem Urknall	116
Historie: Das war einmal ...	118
Historie: Sinti und Roma auf Crange	121
Promotion: Wer nicht wirbt, bleibt Provinz	122
Historische Kirmesplakate	124

Linke Seite: Es geht rund! Fahrgäste auf dem Olympia-Looping.

Willkommen auf Crange!

Es passiert nicht oft, dass sich mitten im Ruhrgebiet mehr als 4 Millionen Menschen versammeln. Aber es passiert regelmäßig. Einmal im Jahr nämlich. Immer um den 10. August, genauer gesagt: stets beginnend mit dem ersten Freitag im August. Dann verwandelt sich in Crange, Ortsteil von Herne, ein ödes Stück Stadtrand für zehn Tage in ein verdammt heißes Pflaster. Wo 355 Tage im Jahr niemand wirklich Lust hat herumzulaufen, tobt plötzlich der Bär. Es ist laut, schnell, bunt, grell und die Luft trägt schwer an einem Bouquet aus Bratwurst und Bier, Pizza und Prosecco, durchsetzt mit dem Aroma von Mandeln und Lebkuchen.

Der Ausnahmezustand nennt sich Cranger Kirmes und gilt nicht nur als größtes Volksfest des Ruhrgebiets, sondern des ganzen Landes. Nirgendwo in NRW gibt es eine Kirmes mit mehr Schaustellern und Besuchern als bei uns am Rhein-Herne-Kanal. Und nirgendwo in Deutschland gibt es eine so hohe Besucher-Dichte wie auf Crange. (Wundern Sie sich also nicht, wenn Ihnen bei zufälligen Besuchen des Münchener Oktoberfestes oder der Canstatter Wasen die Plätze dort ziemlich leer vorkommen.)

Und was die Tradition betrifft, ist die Cranger Kirmes sowieso vorne: Wer kann schon auf eine Geschichte von bald 600 Jahren zurückblicken? Die mit einem Markt für Wildpferde begann und im Laufe der Jahrhunderte zu einem immer größeren Volksfest wurde. Dem zwar irgendwann die Handelsware abhanden kam, weil auch der letzte Emscherbrücher Dickkopp gefangen und verkauft wurde. Das aber trotzdem weitermachte. Allerdings mit geänderten Schwerpunkten. Wenn keine Wild-, dann eben andere Pferde, Hausvieh und allerlei Utensilien für den täglichen Bedarf. Mit zünftigem Umtrunk und Lustbarkeiten aller Art. Und dann in der dritten Phase ohne Nutzvieh und Nützliches, dafür aber mit schönem Schnickschnack, le-

Lightshow mit Selbstfahrer: Laserlicht im Autoscooter.

Man will doch auch zeigen, wo man gewesen ist …

Gewinne, Gewinne, Gewinne! – Losbude auf Crange.

ckeren Imbissen, rasanten Karussells und vielen Bierquellen. Heute ist Crange 4.0 – mit Deko und Drinks, Snacks und Abenteuer, Entertainment und Abflug.

Die Cranger Kirmes gehört für die Menschen in ihrer Nachbarschaft dazu, seit sie denken können. Und das gilt schon für verdammt viele Generationen. Es dürfte keine Wanne-Eickelerin und keinen Wanne-Eickeler geben, die nicht mindestens einmal auf Kirmes gewesen sind. Das alleine macht aber noch keine Besucherzahlen in Millionenhöhe. Selbst mit Hilfe der Ureinwohner Hernes, mit denen die Wanne-Eickeler seit 1975 in einer gemeinsamen Stadt leben, wäre noch nicht mal ein Zwanzigstel der heutigen Kirmesbesucher zu stellen.

Es müssen also noch reichlich Leute von außerhalb dazu kommen, um die Kirmes richtig voll zu kriegen. Und das ist sie – fürwahr! Bummeln Sie mal um 20 Uhr vors Cranger Tor oder gegen 22 Uhr über die Steinmeister-Kreuzung. Oder versuchen Sie es zumindest. Lassen Sie sich Zeit, und arbeiten Sie nicht der Flussrichtung entgegen! Wenn Sie wollen, lernen Sie unterwegs viele Sprachen dieser Kirmes kennen, von ganz freundlich bis Rüpel.

Hoppla – Sie wissen mit den beiden Ortsangaben oben nichts anzufangen? Okay, dann versuchen wir mal, Ihnen die Cranger Kirmes kurz zu erklären. Die Cranger Kirmes hat nichts mit gekrönten Häuptern, Brauchtum oder Schützenfest zu tun. Sie ist eine bodenständige Veranstaltung mit der langen Tradition der Bauern, Händler und Malocher. Die heute mit Anbietern, Dienstleistern, Kunden und Kandidaten noch genau so gut funktioniert.

Die Cranger Kirmes ist wirklich vielschichtig. Es wimmelt von Fahrgeschäften, die zu den modernsten zählen, die gerade unterwegs sind. Und daneben das Kettenkarussell, Omas Gurkenfass oder japanisches Fadenziehen. In Crange gibt es jede Menge Biergärten und Thekenmeter, energisches Entertainment, verdammt viel Gedränge (sehr selten Gedrängel). Vielleicht kommt die Gemütlichkeit ein wenig kurz auf Crange (sieht man einmal vom Seniorennachmittag und vom Familientag ab). Dafür ist es aufregend und anregend. Und man kann selbst dosieren, wie viel man sich denn so zumuten möchte.

Wenn man realistische Erwartungen an eine Ruhrgebiets-Kirmes stellt, werden sie auf Crange absolut erfüllt. „So geht Kirmes!" behauptet die Stadt Herne für das Jahr 2014. Und kann sich das leisten. Denn auch die 14er Kirmes wird mindestens ebenso gut geworden sein wie ihre Vorgänger. Behaupten wir mal im vollendeten Futur 2. Das es nämlich nur im Ruhrgebiet gibt. Dort, wo die Cranger Kirmes zu Hause ist.

Am Anfang war das Pferd

Um die Ursprünge der Cranger Kirmes zu finden, muss man nach den Wildpferden suchen, deren Fang und Verkauf den Jahrmarkt begründeten. Weit weg waren die „Emscherbrücher Dickköppe" ja nicht, im benachbarten Emscherbruch tummelten sich die robusten und zähen Vierbeiner, die sich als Arbeitstiere einen guten Ruf erwarben. Nicht nur Bauern und Fuhrleute kauften diese Pferde, auch bei Militärs standen sie hoch im Kurs.

Erstmals urkundlich erwähnt wurden die Dickköppe im Jahr 1369. Als man Dierck von Eickel am 10. August 1441 offiziell zum Chef von Crange ernannte, bekam auch der Pferdehandel eine offizielle Ordnung. Gleich 25 Adelsgüter teilten sich die Rechte an den Wildpferden. Den Gemeinden, Bauern und Halbbauern wurden Teilrechte verkauft.

Im 19. Jahrhundert verloren die Wildpferde ihre Sonderstellung. 1811 wurden sie dem Hausvieh gleichgestellt. Und bald darauf fand die Wildpferdezucht im benachbarten Emscherbruch ihr Ende. Die letzten Emscherbrücher Dickköppe wurden in den 1840er Jahren gefangen, danach waren sie Geschichte und tauchten nur im Wappen der späteren Stadt Wanne-Eickel wieder auf. Und gehörten 1975 dann auch zum neuen Wappen der heutigen Stadt Herne.

Aber weil im 19. und 20. Jahrhundert eine Cranger Kirmes ohne Pferdemarkt nicht vorstellbar war, wurden in Crange zum Laurentiustag eben andere Pferde gehandelt. Interessenten kamen

Eine der ältesten Aufnahmen vom Cranger Pferdemarkt (Ende 19., Anfang 20. Jahrhundert).

Als der Pferdemarkt noch direkt auf dem Kirmesplatz stattfand, stand auch noch Haus Crange (links) mitten im Geschehen.

Bereits in Randlage, aber immer noch gut besucht: Der Cranger Pferdemarkt in den 1930er Jahren.

bald auch aus dem Rheinland und den Nachbarländern. Rund um den Pferdemarkt entwickelte sich ein Viehmarkt, auf dem Schlacht- und Nutztiere angeboten wurden, die nicht nur für Bauern und Viehbetriebe interessant waren. Hier versorgten sich auch Bergleute und Industriearbeiter, die in ihren Gärten auch Kleinvieh zur Selbstversorgung hielten.

Obwohl die Cranger Kirmes in der zweiten Hälfte des 19. Jahrhunderts eine Eigendynamik entwickelte, blieben Pferde- und Viehmarkt wichtige Bestandteile des großen Festes in Crange. Das blieb auch zu Beginn des 20. Jahrhunderts so, und als während des Ersten Weltkriegs die Kirmes in den Hintergrund trat, lief der Viehmarkt weiter „zur Deckung des militärischen Bedarfs".

Zwar blieb der Pferde- und Viehmarkt auch in den Jahren der Weimarer Republik Bestandteil der Cranger Kirmes, wurde aber durch das zunehmende Vergnügungsangebot immer weiter an den Rand gedrängt. In den frühen 1930er Jahren überlegte man, ob der Pferdemarkt überhaupt noch zeitgemäß ist oder ob man statt dessen nicht lieber eine Automesse in den Cranger Rummel integrieren sollte.

Wieder machte ein Krieg all diese Überlegungen zunichte – und als die Kirmes 1946 zaghaft einen Wiederanfang wagte, war auch der Pferdemarkt wieder dabei. In den 1950er Jahren machte man dann Ernst mit den Autoplänen, die Stadt Wanne-Eickel hatte den Wunsch, mit der Kirmes eine Automesse nebst großem Gebrauchtwagenmarkt zu etablieren. Die Besucherzahlen für dieses Zusatzangebot sanken von zunächst 12.000 auf eine derart unbedeutende Größe, dass die Träume von der „Autostadt Wanne-Eickel" noch im selben Jahrzehnt wieder begraben wurden.

Mit den Pferden sah es nicht besser aus: Die Versuche in den 1960ern, mit Reitturnieren das Interesse für die Vierbeiner zu beleben, scheiterte. Auch ein „Preis von Wanne-Eickel" sowie namhaf-

Bilder rechts (von oben): Ackergäule und Arbeitstiere wurden auch in den 1920er und 1930er Jahren auf Crange gehandelt. Hausschweine und diverses Kleinvieh ergänzten nicht nur in den 1920er Jahren das tierische Angebot auf Crange. Dazwischen: Fliegende Händler mit Waren aller Art.

te Reiter wie Schridde, Winkler oder Schockemöhle, allesamt Olympiasieger, konnten auf Crange dauerhaft nichts bewirken. Der Pferdesport verschwand in der Versenkung und der Markt versank in der Bedeutungslosigkeit.

So sehr in der Bedeutungslosigkeit, dass er manchmal gar nicht stattfand. Inzwischen ist er wieder ein regelmäßiger Kirmesgast. Allerdings nicht mehr mitten im Geschehen, sondern in ausgesprochener Randlage: Heute findet der Markt für Pferde und rund ums Pferd am Vortag zur Kirmes auf Gut Steinhausen im Resser Wald statt, etwa 1,5 Kilometer entfernt vom eigentlichen Kirmesgelände.

Die Geisterbahn lehrt schon beim Aufbau das Gruseln: Wer hängt da ungesichert am Seil? Keine Angst, nur eine Puppe ...

Ein wenig Jurassic Park auf Crange.

Aufbau – der Countdown läuft ...

Wenn wie jedes Jahr die Cranger Kirmes am ersten Freitag im August offiziell eröffnet wird, haben einige hundert Frauen und Männer schon so manch arbeitsreichen Tag auf Crange hinter sich. Schließlich will dort auf dem kahlen, ziemlich unansehnlichen Platz ordentlich was aufgebaut werden. Und manchmal sogar so viel, dass einige der Schausteller und Helfer bereits einen Monat vor dem Volksfest in Crange anrollen.

Eine kleine Stadt entsteht zwischen Dorstener Straße und Rhein-Herne-Kanal, in der für mindestens zwei Wochen mehr als 2.000 Menschen wohnen. Die Straßen des Kirmesdorfes sind eng, und täglich quält sich der Schwerverkehr durch. Spezialtransporter mit Teilen der Achterbahn oder des Riesenrades, Tieflader mit ordentlich verpackten Fahrgeschäften darauf oder Cargo-Lkws mit Containern voller Hauptgewinne, Bierkrüge oder Geisterbahn-Innereien.

Dazu kommen noch Wohnwagengespanne, Zugmaschinen mit Toilettenhäuschen und Spezialfahrzeuge, die sich entklappen und in Buden aller Art verwandeln lassen. Spätestens jetzt machen die ganz wenigen Cranger, die dem Rummel nichts abgewinnen können, ihre Tickets für die Kirmesflucht klar. Bei allen anderen steigt die Vorfreude auf den Moment der Eröffnung.

Klettern zwischen Kulisse und Saurierrücken: Aufbauhelfer an der Geisterbahn.

Große Tiere, kleine Menschen: Heute gibt es keine dressierten Schimpansen mehr auf der Kirmes. Dafür aber überdimensionale Gorillas.

Ein Riesenrad entsteht: Mit Kränen und Höhenkletterern werden Fundament, Halterung und Antrieb zusammengesetzt.

Viele Wanne-Eickeler zieht es schon vorab auf den Kirmesplatz, um sich vom ordnungsgemäßen Ablauf des Aufbaus zu überzeugen. Kinder, Jugendliche, Rentner, und am letzten Juli-Wochenende sogar ganze Familien, die über das bunte Werksgelände schlendern. Und die echten Kenner wissen, wo sie auch schon vor der Kirmeseröffnung ein kühles Bier trinken können.

Nirgendwo haben sie so viele Zuschauer beim Aufbauen wie auf Cranger: Da sind sich die meisten Schausteller einig. Wer beim Aufbauen genauer zuschaut, wird schnell merken, dass die Betriebsamkeit und das Gewusel eine ausgeklügelte Choreografie haben.

Regie führt, meist im Hintergrund, das Herner Ordnungsamt. Co-Produzenten sind die Schausteller und deren Verbände. Standplätze werden zugeteilt und vermessen, Stromkabel, Wasseranschlüsse und Abläufe verlegt. Mobile Kräne hieven die Bauteile der großen Fahrgeschäfte in die Höhe, wo sie von schwindelfreien Aufbauspezialisten zu Achter- und Geisterbahnen, Riesenrädern und „Hochfahrbetrieben" aller Art zusammengeschraubt werden.

Unten werden Böden verlegt, Absperrungen errichtet, Buden aufgebaut und Deko angebracht. Kleine Schäden werden repariert, Anstriche erneuert, Glühbirnen ausgetauscht, es wird geschrubbt, gereinigt und poliert, bis alles glänzt und strahlt.

Das Räderwerk auf dieser 110.000 Quadratmeter großen Baustelle greift trotz der großen Anzahl der beteiligten

Montage der Achterbahn Ende der 1960er Jahre nebst Aufbaupublikum.

Aufbautage in Crange: Von Neugier und Vorfreude

Als im 19. Jahrhundert noch die Pferdekäufer und Viehhändler das Bild bestimmten, gab es bereits Entertainment auf Crange. Dafür sorgten die Gaukler, Puppenspieler, Moritatensänger, Artisten, Unterhalter und fliegenden Händler, die mit ihren Darbietungen und Angeboten die Besucher lockten.

Damals, als das Cranger Fest nur einen Tag dauerte, war das reisende Volk an sich schon eine Attraktion. Wenn die Fremden mit ihren Wohnwagen, Karren, Buden und Tieren in Crange ankamen, auf dem Platz oder nahebei ihr Lager aufschlugen und einen Blick in eine andere Welt boten, waren nicht nur die Kinder aus Crange und der Umgebung fasziniert. Für viele Wanne-Eickeler Familien ist ein Aufbau-Besuch nahezu Pflicht.

Im Laufe des 20. Jahrhunderts wich die Exotik des fahrenden Volkes, nicht selten waren es große Sinti-Familien, Zirkus-Truppen oder buntschillernde Ensembles, einer nüchternen Sachlichkeit.

Trotzdem blieben die Aufbautage der Cranger Kirmes auch noch für viele weitere Generationen Wanne-Eickeler Kinder und Jugendlicher spannend.

Wie die eindrucksvollen Höhenfahrgeschäfte in den Himmel wuchsen. Wie die vielen Buden hinter den Kulissen aussahen. Und was zwischen ihnen so steht. Selbstverständlich wurde dann auch gefachsimpelt und erörtert, wo man denn als erstes drauf wolle, wenn die Kirmes startet.

Firmen und Akteure erstaunlich gut ineinander. Das Gros der Schausteller ist nicht zum ersten Mal auf Crange. Manche sind „Stammbeschicker" mit einigen Jahren oder Jahrzehnten Crange auf dem Buckel. Da weiß man, wo man steht, wo man was findet und wen man ansprechen kann. Na gut, Pannen passieren auch schon mal, wie etwa 2010, als ein Trucker die Durchfahrtshöhe des Cranger Tors überschätzt hatte, den schmiedeeisernen Bogen mit seinem Lkw rammte und heftig verformte.

Bilder auf dieser Seite: Bogensegmente der Achterbahn beim Zusammenbau.

Fotos auf dieser Seite: Wenn alles steht, wird letzte Hand angelegt. Mit Pinseln, Schrubbern und Poliertüchern.

In der Regel aber läuft der Aufbau reibungslos und ohne besondere Vorkommnisse.

Wenn alles steht, kommt die Stunde der Experten von TÜV, Bauaufsicht, Gesundheitsbehörden und Sicherheitsdiensten. Vor der Freigabe und der Eröffnung der Kirmes stehen schließlich noch eine Fülle von Sicherheits- und Hygiene-Checks. Fragen wollen beantwortet und kleine Probleme gelöst werden. Die Akteure des Ordnungsamtes und der Schausteller haben längst Verstärkung bekommen: Polizei (und hier nicht nur die örtliche, sondern auch Wasserschutz- und Autobahnpolizei), Feuerwehr, Rettungsdienste, Nahverkehrs- und Telekommunikationsunternehmen, Wasser- und Stromversorger, Lieferanten, Logistiker sind auch im Boot.

Schließlich gilt es, gemeinsam das größte Volksfest Westdeutschlands zu stemmen. Da sollte man möglichst wenig dem Zufall überlassen. Busse und Bahnen bekommen einen speziellen Fahrplan, neue Haltestellen werden eingerichtet und belebte Straßen gesperrt. Zugänge und -fahrten für Anwohner und Akteure werden eingerichtet, ebenso wie Parkraum für die Gäste.

Pause beim Aufbau – oder nur Deko?

Schnell noch die Wäsche auf die Leine, damit auch wirklich alles strahlt bei der Eröffnung.

Ordnungs-, Rettungs- und Hilfsdienste beziehen ihre Einsatzzentralen auf dem Kirmesgelände, Verkehrsschilder werden aufgestellt, Fluchtwege freigehalten und Irrwege zugestellt. Für alles gibt es einen großen Masterplan beim Ordnungsamt der Stadt. Hier ist alles bis ins Detail geregelt.

Nur die Anzahl und Standorte der Toilettenhäuschen nicht. Das nämlich regeln die Schausteller selbst, indem einige von ihnen auf ihren Standplätzen Raum für die WC-Anlagen lassen und die nötigen Toilettenwagen anmieten. Auf wundersame Weise stehen immer ausreichend davon gut verteilt auf dem gesamten Kirmesplatz.

Der Kirmes-Umzug 1987: Noch rollt das Bier aus Eickel vorweg.

Seit fast 50 Jahren „Piel op no Crange"

Der traditionelle Umzug von Eickel nach Crange ist deutlich jünger als die Kirmes. 1935 hatte man ihn zum ersten Mal ausprobiert. Dann in den Kriegs- und den Nachkriegsjahren wieder vergessen. Erst 1967 wurde der Festumzug dauerhaft wiederbelebt. Aber in neuer Tradition, denn in den 1930ern ging es den Nationalsozialisten vor allem darum, sich selbst eine Bühne zu schaffen und den Geist und den Zusammenhalt der Volksgemeinschaft zu beschwören.

Nachdem von der Volksgemeinschaft nicht mehr viel übrig geblieben war, fanden die ersten Kirmesjahre zunächst ohne Umzüge statt. Als man Mitte der 1960er Jahre neu darüber nachdachte, wollte man einen Umzug in friedlicher Mission ohne jeglichen ideologischen Ballast. Einen bunten Marsch von Eickel nach Crange, der von den Bürgern Wanne-Eickels, ihren Vereinen und Verbänden, verschiedensten Kulturschaffenden und Firmen gestaltet und getragen wird.

Die Idee kam an – und seitdem lassen es sich alljährlich Hunderte Wanne-Eickeler nicht nehmen, unter bunten Flaggen die Verbundenheit mit ihrer Kirmes zu zeigen. Und Tausende von Zuschauern haben ihren Spaß daran.

Mitglieder der Theatergruppe „Fidele Horst" in Trachten: Beim allerersten Crange-Umzug 1935 hatten auch Heimat- und Folkloregruppen ihren großen Auftritt.

Auch heute darf der Bierwagen an der Spitze des Zuges nicht fehlen: Und da kein eigener Gerstensaft mehr fließt, ziehen die vier Rösser Bier aus dem Sauerland die Hauptstraße hoch.

Der Umzug – auf geht's nach Crange

Eine Kirmes ohne Umzug ist kaum denkbar – finden die Herner und hier vor allem die Wanne-Eickeler Bürgerinnen und Bürger. Verständlich, denn seit fast 50 Jahren gehört der Festzug am ersten Kirmessamstag zu den lieb gewonnenen Traditionen. In den letzten 20 Jahren hat sich die Zahl der Mitwirkenden auf etwa 4.000 verdoppelt. Die Zahl der Zuschauer, welche die Straßen und Plätze der Route säumen, hat sich zwischen 100.000 und 120.000 eingependelt – je nach Wetterlage. Und das Wetter meint es meistens gut mit dem Umzug.

Nachdem sich die Gruppen an drei verschiedenen Plätzen gesammelt ha-

(weiter auf S. 24)

Moderne „Waschweiber" auf dem Weg nach Crange.

Keine echte Hochzeit: Die „Wanner Weiber" tun nur so ...

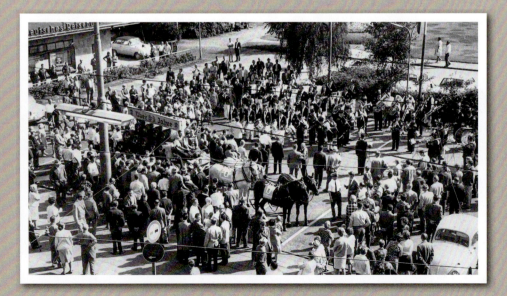

Der Cranger Festumzug macht in den 1960er Jahren Station am Buschmannshof. Vor dem Verkehrsverein gibt's Musik von Bergmannskapelle und Spielmannszug, der Hülsmann-Vierspänner darf Pause machen. Heute gibt es diesen Stopp nicht mehr: Er würde angesichts des dichten Gedränges zu einem mittleren Chaos führen.

Neben den Festwagen und den Fußgruppen dürfen natürlich auch die Radler nicht fehlen.

Diese Bilder stammen vom Umzug 1935: Links eine Szene mit Laiendarstellern in historischen Kostümen, rechts daneben der Kinderumzug im selben Jahr auf der heutigen Hauptstraße.

Reichlich Musik gibt es beim Cranger Umzug. Und manchmal reisen die Akteure auch hunderte von Kilometern an, um dabei zu sein, wie etwa der Spielmanns- und Fanfarenzug aus Altenstadt in Hessen (oben).
Nicht ganz so weit haben es die „Ranger" aus Lüdinghausen (u.l.) oder die Bergmannskapelle aus heimischen Gefilden.

ben, geht es am St. Jörgens-Platz in Eickel pünktlich um 10.30 Uhr los, wenn sich der bunte Lindwurm Richtung Crange in Bewegung setzt. Vornweg in den 60ern wie heute der traditionelle Wagen mit den Bierfässern. Damals noch mit zwei PS und Hülsmann-Bräu in den Fässern, heute als Vierspänner mit Bier aus dem Sauerland, denn in Eickel wird schon lange nicht mehr gebraut.

Dahinter reihen sich Vereine, Verbände, Clubs, Firmen und Einrichtungen aus Herne und der befreundeten Nachbarschaft ein. Wobei die „Nachbarschaft" auch mal bis nach Norddeutschland reichen kann, wenn zum Beispiel ein Spielmannszug von der Waterkant auch unbedingt nach Crange marschieren möchte.

Die Akteure lassen sich einiges einfallen, um die Zuschauer entlang der

vier Kilometer langen Wegstrecke und vor allem auch sich selbst bei Laune zu halten. Da darf auch der Gerstensaft und manch anderes alkoholhaltige Getränk fließen, obwohl Toiletten entlang der Wegstrecke Mangelware sind. Zwar gibt es am Start und kurz vor dem Ziel Häuschen an den Marktplätzen. Aber dazwischen müssen trockene anderthalb Stunden durchgehalten werden. Was ganz findige Teilnehmer des Zuges dann auf die Idee brachte, ihr eigenes Dixie-Klo auf dem Wagen mitzuführen.

Die etwa zwei Kilometer lange bunte Truppe erinnert ein wenig an die rheinischen Karnevalszüge, Motto-Wagen und vor allem „Kamelle" inklusive. Was natürlich die jüngeren Zuschauer freut, denn mit Süßigkeiten wird in Herne ansonsten wenig geworfen. Und so sieht man auch bei strahlen-

Ein bisschen Show muss sein: Cheerleader des Trixi-Balletts, junge Akrobatinnen, Sambagruppe und Herner Feuerwehr mit „Spezialfahrzeugen" auf ihrem Weg zum Festplatz.

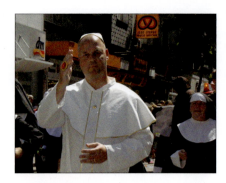

dem Sonnenschein aufgespannte Regenschirme am Wegesrand. Allerdings umgedreht, zum Auffangen der süßen Wurfgeschosse.

Mitmachen beim Crange-Umzug darf eigentlich jeder, der sich etwas einfallen lässt. Der Zug ist offen für alle und nahezu alle Ideen. Nur einmal, 2012, mussten die Organisatoren vom Ordnungsamt einige Bewerber abweisen. Da waren es mehr als 4.500 Interessenten. Und das sprengte einfach die Dimensionen des Zuges, der die ganze Hauptstraße von Eickel bis hoch nach Crange zieht, Fußgängerzone inklusive.

Inzwischen hat sich der Umzug wieder auf 4.000 Teilnehmer eingependelt, die mit mehr als 60 Festwagen ohne und knapp 20 Festwagen mit Fußvolk, rund 20 Musikgruppen, 20 reinen Fußgruppen und einer Fahrradgruppe unterwegs sind.

Früher endete der Umzug etwa um 12.30 Uhr auf dem Kirmesgelände. Heute dürfen die Wagen nur noch bis zur Heidstraße fahren. Das Durcheinander auf dem Festplatz, auf dem der Rummel ja seit 11 Uhr schon wieder seinen „normalen" Betrieb aufgenommen hat, wäre einfach zu groß. Nur die Fußgruppen dürfen noch weiterlaufen bis zum Cranger Tor.

Apropos Sicherheit: 90 Mitarbeiter der Stadt sind während des Umzuges im Einsatz. In der Regel brauchen sie ebenso wenig einzugreifen wie ihre Kolleginnen und Kollegen von der Polizei. Nur die Müllabfuhr, traditionell immer die letzte „Gruppe" des Zuges, hat ordentlich zu tun. Schließlich sollen die Straßen ja unmittelbar nach dem Defilee wieder dem Verkehr übergeben werden.

Alle Bilder auf diesen Seiten: Akteure, Randfiguren und Zuschauer des Cranger Festumzuges auf der Hauptstraße in Wanne.

Beim ersten Kirmesumzug 1935 wurden Szenen der Cranger Geschichte in historischen Kostümen dargestellt.

Mit der Gestaltung und Choreografie des Zuges wurde der Tanzlehrer Conrad Diel beauftragt. Hier ein Wagen mit historischen Szenen.

Zaun- bzw. Fenstergäste: Diese Damen hatten Ende der 1960er Jahre Logenplätze beim Umzug.

Seit 1896 nimmt Bruch seine Gäste mit auf eine luftige Reise. Mit dem „Bellevue" geht es hoch auf 55 Meter.

Höher, schneller, weiter!

Für die meisten Crange-Fans ist ein Kirmesbesuch ohne Achterbahn, Autoscooter, Höhenschleudern oder Karussells verlorene Zeit. Die knapp 50 Fahrgeschäfte machen noch nicht mal 10 Prozent aller Kirmesbetriebe aus. Verbrauchen aber dank ihrer Größe mehr als die Hälfte des verfügbaren Platzes auf Crange. Kein Wunder, denn die Herner Organisatoren haben wie schon ihre Väter aus Wanne-Eickel den Ehrgeiz, die modernsten und neuesten Fahrgeschäfte nach Crange zu holen.

Was ihnen inzwischen nicht mehr schwerfällt, denn die Schausteller sind selber heiß auf die begehrten Plätze am Kanal von Wanne-Eickel. Die einzige Qual, die den Kirmesorganisatoren abgefordert wird, ist die der Wahl. Traditionsbetriebe? Oder doch das neueste vom Neuen? Die Mischung ist nicht immer ganz einfach.

Die Qual der Wahl haben auch die meisten Kirmesbesucher, denn allein jedes Fahrgeschäft nur einmal auszutesten würde ein ordentliches Loch

(weiter auf S. 35)

Der „Olympia-Looping" von Barth macht es gleich fünfmal und gilt als die größte transportable Achterbahn der Welt.

Ab geht die Luzie: „Big Monster" nimmt Fahrt auf – im Hintergrund kreiselt „Alex Airport" mit 80 km/h in mehr als 50 Metern Höhe.

Wie die Kirmes auf Touren kam

Karussell, Riesenrad und Überschlagschaukel (hinten rechts im Bild) waren in den 1920er Jahren die Attraktionen auf Crange.

Die Geschichte der Karussells und Fahrgeschäfte auf Crange reicht zurück ins 19. Jahrhundert. Die ersten transportablen Vergnügungsbetriebe wie Karussells, Schaukeln, Riesenräder oder Rutschbahnen kamen zu Beginn der 1880er Jahre nach Crange. Vorher bestimmten Gastronomen, fliegende Händler, Musiker, Glücksspieler, Sänger, Artisten, fahrendes Volk mit Zaubertricks, dressierten Tieren und Schaustellungen aller Art das Bild.

Kreuzfahrt auf Crange: Alle Mann an Deck trotz aufziehendem Unwetter ...

Die ersten Fahrgeschäfte wurden noch von Pferdekraft oder Menschenhand angetrieben. 1882 standen zwei „Carousells" auf Crange. 1898 waren es dann schon ein Dampfkarussell, ein kleines Karussell, vier Schiffschaukeln und eine „Russische Schaukel", was so etwas ähnliches wie der Vorläufer des Riesenrads ist.

1911 vermeldete man schon ganz stolz drei Dampfkarussells, vier Bodenkarussells sowie drei Schiffschaukeln. In den 1920er Jahren hielten dann auch Elektrizität und Benzinmotoren Einzug auf Crange und machten eine Menge Dinge möglich. Neben den Boden- und Kettenkarussells, den Schiffschaukeln und Riesenrädern

Tempo Anfang der 1970er: „Hully Gully" auf Crange – mit Hydraulik in die Schräge.

Geisterbahn: Was mag die Besucher drinnen erst erwarten ...?

Ende der 1940er entstand dieses Foto von Strackes Raupe. Noch ohne Dach – und für 10 Pfennig.

kamen nun Autokarussells, Berg- und Talbahnen, Motorsport- und Autobahnen, Achterbahn und Liliputeisenbahn an die Emscher. Sogar eine Schwebebahn hatte es mal gegeben.

Die allgemeine Autobegeisterung der Deutschen schlug sich auch auf dem Rummel nieder. Gleich drei Benzinautobahnen buhlten 1928 um die Gunst der Besucher. Sponsor und Anbieter damals: Opel. Die Autoscooter starteten ihren Siegeszug und hießen auf Crange unter anderem „Dodgem", „Autodrom", „Elektrodrom", „Auto-Selbstfahrer" oder „Avusbahn".

Auch die Achterbahn hatte 1928 Premiere auf der Cranger Kirmes

(weiter auf S. 39)

Wer es heftig mag, lässt sich auf Crange breakdancen.

in die Kirmeskasse reißen. Wobei das Reißen dann, nach Entrichtung einiger Euro, in den Gondeln, Wagen, Sitzen oder Käfigen weitergeht. Katapulte, Schleudern, Hebel – alles, was die Physik hergibt und die Motoren und Hydrauliken leisten können, ist auf Crange im Einsatz.

Natürlich gibt es auf Crange auch Fahrgeschäfte, auf denen es deutlich gemütlicher zugeht. Das Riesenrad zum Beispiel. Das sollte dann aber, bittschön, mindestens das größte transportable Rad sein. Crange hat schließlich einen Ruf zu verlieren. Und der ist bei Besuchern und Schaustellern gleichermaßen hoch.

Trotz der hohen Erwartungen schaffen es die Organisatoren und vor allem die Schausteller, die bereit sind,

Manche Rundfahrbetriebe sind einfach nicht totzukriegen. Die Raupe dreht sich immer noch.

Der „Olympia-Looping" greift die fünf Ringe auf und schickt seine Fahrgäste auf multiple vertikale Kreisfahrt.

Anpressdruck bis zu 5,2 G. Bei einer Raumfahrt mit dem Spaceshuttle wären es „nur" 3 G ...

Millionenbeträge in neue Attraktionen zu investieren, zur Cranger Kirmes immer wieder mit Premieren aufwarten zu können. Nicht selten haben die großen Volksfeste in Süd- und Norddeutschland schon den Kürzeren gezogen.

Zugegeben: Die Späße in luftigen Höhen, die Abenteuer in Geister- und Spaßbahnen, die rasanten Fahrten über wilde Parcours, die Grenzerfahrungen überkopf und mit Katapulten sind nicht gerade billig. Aber Crange ist schließlich nur einmal im Jahr – und wo sonst kann man im normalen Leben und Alltag die Überwindung der Schwerkraft mittels Fliehkraft genießen?

Von Null auf 100 km/h in etwa drei Sekunden: Nur freier Fall ist schneller ...

Zwischen Begeisterung und Entsetzen: Fahrgäste auf der „Wilden Maus". Hier geht es nicht nur zackig um die Kurven – die Wagen rotieren dabei auch noch um die eigene Achse.

Unverwüstliche Klassiker auf Crange: Kettenflieger und Riesenrad.

Was ziemlich gemütlich aussieht, kann durchaus tückisch werden. Wenn nämlich der Operateur (spätabends) mal den Rückwärtsgang einlegt ...

Wie sich die Bilder gleichen: Zwischen diesem Foto und der Aufnahme auf der linken Seite liegen aber zwei Generationen.

*Der Kettenflieger war schon in den 1920er Jahren dabei. Im Hintergrund das Columbia-Rad. Die Aufnahme stammt von 1935.
Unten: Der Wellenflieger in den 1970er Jahren.*

mit der „8-Gebirgsbahn" des Düsseldorfer Schaustellers Willi Busch. Die zweiminütige Fahrt kostete damals den horrenden Preis von 20 bis 30 Pfennigen.

1937, als schon das drohende Gewitter des Zweiten Weltkriegs aufzog, bescherte die Kirmes der Superlative ihren Gästen zwei Achterbahnen, fünf Karussells, zwei Schiffschaukeln, eine Raupen- und eine Bobsleighbahn, zwei Russenschaukeln, eine Überschlagschaukel, eine Rutschbahn (Toboggan), drei Raketen und zwei Reitbahnen, einen Kettenflieger und einen Autoscooter plus weitere Fahrattraktionen wie Hexenschaukel, Seeschlange oder Fahrt ins Blaue. Außerdem gab es in diesem Jahr die erste Geisterbahn auf Crange.

Anfang der 1970er hatte die Achterbahn „Jet Star 2" Premiere auf Crange. Im Vordergrund ein Kinderkarussell mit hydraulischen „Fluggeräten".

In den Jahren des Zweiten Weltkriegs dünnte das Angebot auf Crange deutlich aus. Fahrzeuge wurden zu Kriegszwecken beschlagnahmt, Treib- und Brennstoffe wurden knapp, die jungen Männer zum Mitreisen waren an der Front und irgendwann machte sich das schlechte Gewissen breit bei denen, die sich zu Hause amüsieren durften, während ihre Familienangehörigen und Freunde an der Front kämpften und starben.

Daran konnten selbst solche „Attraktionen" wie etwa Wehrsportkarussell für Kinder nichts ändern, das im Jahr 1940 auf der Cranger Kirmes stand. 1941 gab es dann noch eine Raketenfahrt zum Mond, ein Riesenrad, Kettenkarussells und Schiffschaukeln. Danach fuhr dann bald nichts mehr auf Crange.

Die Kriegspause währte aber nur kurz. Bereits 1946 ging es in Wanne-Eickel wieder rund. Der Oberstadtdirektor verkündete stolz: „Auf der Kirmes sind die modernsten Geschäfte aufgestellt, wie z.B. Achterbahn, Raupenbahnen, Raketenbahnen, Alpenfahrt, Riesenrad, Schiffschaukeln, Überschlagschaukel, Kettenflieger, Kinderkarussells, Hippodrom und viele andere Fahr-, Schau-, Verkaufs- und Verlosungsgeschäfte."

Glaubt man der Lokalpresse, soll die 1947er Kirmes schon wieder „Friedensumfang" erreicht haben. In den 1950er Jahren bekam die Kirmes noch mal einen ordentlichen Schub durch die Nutzung von Pneumatik und Hydraulik für den Karussellbau. Dadurch erweiterten sich die Bewegungsabläufe, die über reine Kreisfahrt hinausgingen. Oder eine Kreisfahrt in der Vertikalen möglich machten.

Je abenteuerlicher und heftiger die Bewegungen der modernen Fahrgeschäfte wurden, desto bunter wurden ihre Namen. In den 1950ern kamen das Auslegerkarussell Hurricane, der rotierende 75°-Käfig Round Up, der Sputnik mit einer von kleinen Raketen umkreisten Erdkugel und der Taifun mit Überkopfdrehung. Ebenfalls im Angebot Hully Gully, Calypso, Radar, Zeppelin Wolkenflug, Titan, Airborne, der spätere Twister, Allround, Mirage, Polyp, Passat, Mondlift, Tornado, Düsenflieger, Flying Coaster, Spinne.

Schon bald gehörten Alpen- und Raketenbahn, Cortina-Bob, Raupe, St. Moritzbahn und Bayernkurve zu den Klassikern, die mit einer geschickten Musikauswahl vor allem wieder bei den Jugendlichen punkten konnten. Hier lief Rock'n'Roll, später Twist und Beat. Und dass man einige dieser Fahrgeschäfte immer noch sieht auf Crange, liegt nicht zuletzt daran, dass sie auch heute noch den musikalischen Nerv der nachwachsenden Generationen treffen.

In den 60er Jahren gab es bei den Hochfahrgeschäften einen Übergang von der Holz- zur Stahlbauweise. 1965 war die erste Vollstahl-Achterbahn auf Crange in Betrieb. Auch die Riesenräder wurden größer. In den 1970ern wuchsen ihre Durchmesser auf bis zu 40 Meter.

Und alles, was mit Autos zu tun hatte, war im Crange der 50er und 60er Jahre sowieso angesagt. Die Autoscooter mit ihrer Mischung aus Fahren ohne Führerschein und lauter Diskotheken-Musik wurden zu Treffpunkten der Jugend. Hier konnte man mit einigen geschickten Kollisionen zum Mittelpunkt des Geschehens werden. Und gute Musik hören, ohne gleich tanzen zu müssen. Wer es mit dem Autofahren etwas ernster meinte, fuhr auf einer der bis zu drei Benzin-Autobahnen in Crange. 1955 gab es sogar mal eine Doppelstöckige. Und für die kleinen Besucher stellte man einen Verkehrskindergarten hin. Mit Autos natürlich.

Während die Benzinautos heute für Kirmesbesucher ausgestorben sind, haben sich manche Themenfahrgeschäfte bis in die Neuzeit gehalten, allen voran die Geisterbahnen, von denen bereits die ersten zu Beginn der 1930er Jahre auf Crange zu sehen waren und die manchmal auch „Geistergrotte", „Geister bitten zur Kasse", „Spuk im Spessart" oder „Geisterirrgarten" hießen.

Technische Novitäten hatten am Rhein-Herne-Kanal auch immer ein begeistertes Publikum. So zum Beispiel 1965, als erstmals eine 3-D-Bahn nach Crange kam. 1974 hatte der „Jumbo-Jet" seine Premiere auf Crange. Mit einer Streckenlänge von einem Kilometer und einer Höchstgeschwindigkeit von 90 km/h setzte er hier neue Maßstäbe.

1978 begann das Looping-Zeitalter auf der Kirmes. Die Begeisterung der Besucher ließ sich auch nicht durch einen der wenigen dokumentierten Unfälle auf Crange bremsen. 23 Verletzte gab es, als ein Achterbahnwagen auf einen anderen auffuhr, weil offenbar das Bremssystem versagt hatte.

1982 folgte dann der Doppel-Looping und vier Jahre später der Vierfach-Looping „Thriller". Jetzt ging es mit 110 km/h auf eine 1.120-Meter-Strecke. Einen weiteren Rekord gab es beim Riesenrad, das 1983 erstmals die 50-Meter-Marke erreichte und 400 Fahrgästen Platz bot. Im selben Jahr

Attraktionen der 1970er Jahre: „Round up" und „Zeppelin".

Als der Platz noch nicht knapp war: Gleich zwei (allerdings kleine) Riesenräder in Crange.

gab es auch eine weitere Premiere auf Crange: Die erste Wildwasserbahn lud zum nassen Ritt auf der Kirmes am Kanal.

Da die Richtlinien zur Vergabe der Standplätze nicht nur dem Prinzip „höher, schneller, weiter" folgten, sondern auch Tradition und Nostalgie einen Raum geben wollten, standen und stehen neben den Hightech-Fahrgeschäften auch heute noch Klassiker wie Kinderkarussells, Kettenflieger oder Schiffschaukeln.

Vorsicht – Hochspannung!

Crange-Veteranen gibt es nicht nur bei den Schaustellern. Auch einige Dienstleister haben schon eine ansehnliche Crange-Chronik. Die Castrop-Rauxeler Firma Breilmann zum Beispiel, die seit mehr als 50 Jahren die Cranger Kirmes mit Strom versorgt. Wobei Breilmann natürlich den Strom nicht selbst herstellt, sondern so verteilt, wie er gebraucht wird. Ein bisschen was für die Verkaufsstände, eine ordentliche Portion für die Los- und Spielbuden sowie das Gros der Kilowatts für die energiefressenden Fahrgeschäfte.

Die Breilmänner kennen inzwischen ihre Cranger Kirmes aus dem Effeff. Vom Übergabepunkt der Herner Stadtwerke legen sie inzwischen 20 Kilometer Kabel, packen 15 mobile Transformatoren dazwischen und stellen 120 Verteilerschränke aufs Kirmesgelände.

800.000 Kilowattstunden verbraucht die Cranger Kirmes im Schnitt. Damit die Lampen strahlen, die Speisen dampfen, Motoren sich drehen, Hydrauliken pumpen und der Kirmes-Sound über den Platz tönt. Alternativ könnte man mit dieser Strommenge sämtliche Herner Haushalte zwei Wochen mit Strom versorgen.

Wenn man aber den Stromverbrauch der Cranger Kirmes mal runterbricht auf die Besuchermenge, sieht er schon deutlich bescheidener aus: Gerade mal 200 Wattstunden sind es, die jeder Crange-Besucher im Schnitt verbraucht. Und ein gutes Gewissen kann er dabei auch behalten, denn seit 2013 beliefern die Stadtwerke den Rummel mit 100 Prozent Ökostrom aus regenerativen Energien.

Übrigens: Wer sich auf dem Kirmesplatz immer über die Breilmannstraße gewundert hat, kennt jetzt den Grund. Wer solange dabei ist, darf sich auch mal eine Straße gönnen.

Die „Revolution" auf Crange ist friedlich und unblutig. Hat aber durchaus was mit Umwälzung und Auf-den-Kopf-Stellen zu tun.

Auf der Achterbahn kopfüber durch den Looping.

Das Ding heißt „XXL" und ist nach Schaustellerangaben die „höchste Schaukel der Welt". Die Aufnahme entstand in ca. 45 Metern Höhe.

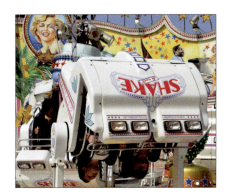

Bleibt zwar am Boden – steht aber auch Kopf: „Shake & Roll".

Der „Flash" macht den Überschlag in etwa 20 Metern Höhe.

Der „Flasher" rotiert sich hoch auf mehr als 60 Meter.

Der „Power Tower 2" gilt als weltweit größter transportabler Freifallturm der Welt. Rücksturz zur Erde aus 66 Metern Höhe.

Zwar kein freier Fall – aber trotzdem ein scharfer Ritt: Im Cyberspace geht's auf einer 50-Meter-Kreisbahn mit 100 km/h in die Tiefe.

Als der Strom nach Crange kam

Den Cranger Jahrmarkt hat es natürlich auch schon gegeben, bevor der Strom nach Wanne-Eickel kam. Sogar Karussells gab es schon im 19. Jahrhundert. Um sie zu bewegen, mussten Tiere, meist Pferde, stundenlang im Kreis herumgehen. Ja, es gab sogar Karussells, die von den Besuchern angetrieben wurden. Vor allem Kinder und Jugendliche leisteten diesen Frondienst gerne, winkte ihnen doch nach getaner Arbeit eine Freifahrt. Übrigens gibt es auch heute noch Fahrgeschäfte, auch auf Crange, die nach wie vor mit der Muskelkraft der (zahlenden) Besucher betrieben werden: Die Schiffschaukeln haben nämlich immer noch keinen Motor.

Da man in Crange nicht hinter dem Mond lebte (sondern mitten darunter!), gab es Ende des 19. Jahrhunderts auch schon die ersten Dampfkarussells, die dann auch für eine ganze Weile Standard bleiben sollten.

Die Verstromung der Kirmes war ein langer Prozess. In den 1920er Jahren wurden die ersten Kabel auf dem Kirmesplatz gelegt. Mitte der 1950er, als immer mehr Fahrgeschäfte auf Elektrizität angewiesen waren, wurde ordentlich ausgebaut. Dazu mussten eigens für die Kirmes Verteilerstationen und Transformatoren gebaut werden, was sich die Stadt Wanne-Eickel einiges kosten ließ. Und weil damals Strom billig und Geld vorhanden war, setzte die Stadt noch einen drauf und überspannte den ganzen Kirmesplatz mit Lichtbögen.

Mitte der 1950er verbrauchte eine Cranger Kirmes etwa 1.500 Kilowattstunden Strom. Heute ist ein Rummel auf Crange nicht unter 800.000 Kilowattstunden zu haben.

„Selbstflieger" in den 1960er Jahren: Die Hydraulik macht's möglich.

Ebenfalls aus den 1960ern stammt diese Aufnahme. Links der „Hollywood Star", rechts erkennt man den „Spuk im Spessart".

Junge Menschen auf Crange: in Karussells und bei einem Foto-Wettbewerb.

Wir sind das Volk!

In den Anfangstagen von Crange war die Feier am Laurentiustag eine rein bäuerliche Angelegenheit. Im 19. Jahrhundert kamen die Industriearbeiter hinzu, die plötzlich unmittelbare Nachbarn der Bauern waren.

Der Tag auf Crange gehörte auch bei den Malochern und ihren Familien schnell zum Pflichttermin: Auf Kram- und Kleinviehmarkt konnte man sich bevorraten, die Kinder kamen vors Kasperletheater und sich selbst konnte man prima einen hinter die Binde gießen.

Das bäuerlich-proletarische Milieu der Kirmes hielt sich bis weit ins 20. Jahrhundert. Erst nach Gründung der Stadt Wanne-Eickel bemühte man sich

Fotos auf dieser Doppelseite: Kirmes-Besucher zwischen erstem Crange-Kontakt und Abfeiern im Bayernzelt.

durch Pressearbeit und Werbung um Imageverbesserung. Die Wanne-Eickeler Zeitung beschreibt das nunmehr schichtenübergreifende Massenvergnügen 1931 dann so: „Ein buntes Volk in allen Schattierungen, Alte, Junge, Bürger, Arbeiter, Elegants, robuste Fuhrleute, Zigeuner, Schüler und ländliche Frauen".

Das „bunte Volk" ist bis heute geblieben, setzt sich aber etwas anders zusammen als in den 1930er Jahren. Robuste Fuhrleute und ländliche Frauen sind seltener anzutreffen. Und „Zigeuner", wie man damals die Angehörigen der Sinti und Roma nannte, gar nicht mehr. Die Rassenideologie der Nazis sorgte dafür, dass sie von der Kirmes und aus dem öffentlichen Leben verschwanden.

Als sich die Cranger Kirmes nach dem Ende des Zweiten Weltkriegs neu

Nicht zum ersten Mal auf Crange: Diese Ladies genießen die Fahrt im Nostalgie-Karussell.

Fotos auf dieser Doppelseite: Crange-Besucher zwischen Gucken, Futtern und Genießen.

aufstellte, waren es zunächst Einheimische und Gäste aus den Nachbarstädten, die den Rummel wieder belebten. Als in den 1960er und 1970er Jahren viele Menschen aus Südeuropa nach Deutschland kamen, um Arbeit zu finden, begann sich die Kirmes wieder zu internationalisieren. Heute gehören Speisen aus vieler Herren Länder zum gastronomischen Angebot der Cranger Kirmes.

Und die Besucher? Sind heute ein bunter Querschnitt durch alle Altersklassen und Bevölkerungsschichten. Kommen aus der Nachbarschaft – oder haben eine weite Anreise hinter sich. Kommen allein, zu zweit, mit Familien oder in Gruppen. Manche wollen nur bummeln und gucken, manche kommen, um richtig abzufeiern. Was alle eint: der Wunsch nach ein paar unterhaltsamen Stunden. Mitten im kleinen Crange.

Seit mehr als 60 Jahren auf der Cranger Kirmes: das Etagencafé Grell.

Manches bleibt ewig

Manches überdauert auf Crange auch die Zeit – mit wenig Veränderungen oder sogar im Original. Das Etagencafé von Grell ist solch ein unverwüstlicher Oldie. Das untere Bild zeigt das Café mit den erhöhten Sitzplätzen Ende der 1960er. Schon damals galt das hölzerne Etagencafé als leicht antiquiert. Kein Wunder, seinen ersten Auftritt in Crange hatte es bereits 1953. (Auf dem Foto links kann man noch die städtischen Lichterbögen über den Kirmesstraßen sehen).

Kirmes geht auch bei Regen. Kommt aber auf Crange nur selten vor ...

Manches passiert nur selten

Zwischen diesen Bildern liegen geschätzt 80 Jahre. Und sie zeigen beide ein auf Crange selten vorkommendes Phänomen. Aus unerfindlichen Gründen wird nämlich der Rummel auf Crange nur selten von Schlechtwetter heimgesucht. Auf dem oberen Foto erkennt man, dass die Stadt sinnvoll in die Infrastruktur der Kirmes investiert hat. Alle Straßen und Wege sind plattiert oder asphaltiert. Und mit dem richtigen Equipment kann man auch bei Regen über die Kirmes bummeln.

Fotos auf dieser Seite: Kindernachmittag im Cranger Festzelt.

Wir sind das (kleine) Volk!

Ja, es fließen auch mal Tränen auf Crange. Wenn zum Beispiel die Benutzung eines Höhenfahrgeschäftes erst ab 12 Jahren erlaubt und man selbst nur knappe 10 Jahre alt ist. Und es fließen auch mal Tränen, wenn die dicke Zuckerwatte an der Jacke eines Passanten hängen bleibt oder die Eiskugel aus dem Hörnchen fällt. Aber in 99 Prozent aller Fälle haben auch die Kleinen Spaß an der Cranger Kirmes. Sehr viel Spaß sogar, denn wo sonst findet

Immer die Übersicht behalten – am besten auf Vaters Schultern.

Wer sich mag, schenkt sich ein Herz. Aus Lebkuchen.

man ein derart breites Angebot für den Nachwuchs?

Im Festzelt gibt es den Kindernachmittag mit etlichen Mitmachaktionen, manche Karussells sind exklusiv für Kinder, weil die Erwachsenen nicht reinpassen, und für die bunten Leckereien und Spielsachen der Verkaufsstände und Losbuden gelten keinerlei Altersbeschränkungen.

Die Kinder als willkommene Gäste und Konsumenten hat nicht erst die

Knirpse auf Crange: Das Bild oben stammt aus den 1970er Jahren, das untere aus 1937.

Knirpse auf Crange heute.

Gewonnen! Das Plüschtier gebe ich nicht mehr her.

In den 1950er und 1960er Jahren gehörte der Bär zum Programm: Wer über die Hauptstraße auf den Festplatz wollte, konnte dem Untier nicht entrinnen.
Das untere Bild wurde in den 1960er Jahren aufgenommen.

moderne Cranger Kirmes entdeckt. Schon vor Generationen gehörten Kindheit in Wanne-Eickel und Cranger Kirmes ziemlich untrennbar zusammen. Kinderkarussells, Puppentheater, Naschwerk, Plüschtiere und Spiele locken seit vielen Jahrzehnten den Nachwuchs nach Crange. Dosenwerfen, Entenangeln oder Ponyreiten sind auch im Zeitalter der Spielekonsolen und 3-D-Kinos nicht tot zu kriegen.

Lebkuchenherzen gehörten auch in den 1950ern zu jedem Kirmesbummel – die flotten Renner kamen in den 1960ern auf die Kinderautobahn.

Spaß an jeder Ecke – und manchmal ist er ganz umsonst. Für die Leckereien und kleinen Wünsche gibt's Taschengeld. Anfang August heißt das auch „Kirmes-Geld".

Das Lebkuchenherz schmeckte nicht nur den Kindern des 19., sondern auch denen des 21. Jahrhunderts. Das Gerippe in der Geisterbahn erschreckt heute genauso zuverlässig wie vor 80 Jahren. Und dass man auf den Karussells immer nur im Kreis herumfährt, kann höchstens die Erwachsenen langweilen.

Sitte, Anstand und Moral: Gefahr für die Jugend!

Die Raupe, der beliebte Treffpunkt der Nachkriegsjugend, bot angesagte Musik und die Chance auf einen unbeobachteten Kuss während der Fahrt (Foto von 1961).

Die Bob-Bahn sah in den Sechzigern eher nach einer Party aus als nach einem Fahrgeschäft.

Seit auf Crange zum Laurentiustag mehr passierte als nur Pferdemarkt, mussten sich die Tugendwächter Sorgen machen um Sitte, Anstand und Moral. Friedrich Brockhoff, einer der wenigen frühen Chronisten der Kirmes und von 1866 bis 1921 Dorfschullehrer in Crange, berichtete dazu: „Schon am frühen Nachmittag kamen die Kirmesbesucher aus den umliegenden Orten und Städten in so großer Zahl, dass bis in die späte Nacht hinein Straßen, Plätze und Wirtschaften die Menschenmenge kaum fassen konnten.

Am Abend wurde in den kleinen Sälen der fünf Cranger Wirtschaften zum Tanz aufgespielt, während auf den Straßen ein ohrenbetäubender Lärm, verursacht durch Drehorgeln, Zieh- und Mundharmonikas, durch Gesänge, vermischt mit den Stimmen der Ausrufer an Buden und Ständen, herrschte." Was natürlich nicht allen Mitbürgern gefiel.

Aber nicht nur Lärm, Gedränge und Gesang sorgten die Tugendwächter. Auch Unsittlichkeit, Völlerei und übermäßiger Alkoholgenuss waren braven Bürgern, Behörden und vor allem den Industriellen ein Dorn im Auge. Letztere sorgten sich um die Arbeitsmoral, vor allem, wenn die Menschen am nächsten Tag nicht oder mit einem ziemlichen Kater zur Arbeit kamen.

Aber es gab noch mehr Gründe für die Obrigkeit, auf Crange maßregelnd oder vorbeugend einzuschreiten: Unsittliche Darstellungen in den Schaubuden oder Wachsfiguren von Verbrechern beschäftigten die Behörden ebenso wie die Schaustellergehilfen. Meist waren dies ungelernte Tagelöhner, nicht selten mit Vorstrafen oder gesucht per Haftbefehl. Und dann gab es auf Crange ja auch Diebstähle, Betrügereien in den Glücksspielbuden oder Schlägereien.

Und so gab es auch in früheren Zeiten schon so etwas wie eine „Task-Force" Crange: Polizei und Behördenvertreter, die auf Crange für Recht und Ordnung sorgen sollten. Was meistens auch ganz gut gelang. Die Frage war nur, wieviel „Anarchie" die Ordnungshüter durchgehen lassen sollten, denn ein wenig Randale gehörte auf Crange zum Milieu. In den 1930er Jahren erfreute sich die Wanne-Eickeler Zeitung am fröhlichen Chaos: "Vergesst auch das Trinken nicht. Man käme um ein gutes Stück des Cranger Kirmeslebens. Nicht, dass aufgefordert werden soll, zwecks schnelleren Kontakts mit dem Kirmesrummel sich ‚geistig' anzuregen. Das ‚Miljöh' in den Kneipen ist ausschlaggebend. Vollgepreßt ist der Raum, dick vom Tabakqualm, schwankend vom Stimmengewirr. Man kommt sonst nirgendwo mit den Wanne-Eickeler Mitbürgern in derartig anheimelnde Tuchfühlung, man lernt die Menschen kennen, weil sie einem auf dem Schoß sitzen. Dieses Kennenlernen hat es in sich, es offenbart gewissermaßen den traditionellen Sinn des Cranger Gemeinschaftsgefühls."

Die größte „Gefahr" sahen die Tugendwächter der Neuzeit aber im Rock'n'Roll, der in den 1950er Jahren natürlich auch Einzug auf Crange hielt, wie die Wanne-Eickeler Zeitung dokumentierte: "Zu dem zur Schau getragenen tierischen Ernst zahloser siegesgewohnter Jünglinge stand die ‚tolle' Aufmachung im krassen Gegensatz. Mein farbenfrohes Auge feierte Orgien. Jacken in Gold, Rot und schwarz-weiß gestreift, getupft oder kariert, Nietenhosen mit ganzen Wildwest-Romanen aus dem Cowboyleben zierten den Sitzteil. Hemdkragen (orange oder

Autoscooter gab es schon in den 1930ern auf Crange. Zum Klassiker wurden sie dann in den 1950er Jahren.

Auch die Betreiber des Calypso wussten, was die Jugend gerne hört. In den 1960ern Rock und Beat. Schlager gab's woanders.

leuchtend gelb) waren lässig hochgestellt. Wo der Jackenärmel aufhörte, kam erst nichts und dann ein Lederhandschuh, und die Schuhe ohne weißen Ledereinsatz waren kaum tragbar. Zigaretten in der Hand oder im Mundwinkel sind selbstverständlich."

Und 1957 wurde dann das „Abspielen von Rock'n'Roll-Musik" behördlich verboten, weil zuvor in Mülheim die Halbstarken für Randale gesorgt hatten. Auf Dauer konnten die Organisatoren den Rock'n'Roll (und später Twist und Beat) aber nicht von der Kirmes fernhalten. Die Schausteller wussten, dass sie mit der modernen Musik das junge Publikum locken konnten und besorgten sich die Rock'n'Roll-Platten meistens im Ausland.

Besonders an den Autoscootern und den schnellen Rundfahrgeschäften, allen voran auf der Raupe, drängten sich die jungen Leute, wie das Jugendamt 1959 warnend vermerkte: „Das Raupenkarussell war wie gewöhnlich von Jugendlichen aller Altersklassen belagert. Eingezwängt wie die Heringe berauschte man sich an der mit enormer Lautstärke gebotenen Schlager- und Rock'n'Roll-Musik. Man kann hier tatsächlich von einem ‚Berauschen' sprechen, denn der normale Bundesbürger wird dem Nervenkitzel nicht sehr lange standhalten. Die Musik – nicht das Karussellfahren – übt auch allein die starke Anziehungskraft auf die Jugendlichen aus. Es wurde beobachtet, dass Jugendliche, die stundenlang auf dem Karussell standen, nur ein- oder zweimal, manchmal überhaupt nicht fuhren. Aus Gesprächen mit den Jugendlichen ergab sich auch übereinstimmend immer wieder, dass die Musik den Reiz ausmacht.

Grundsätzlich wäre dagegen nichts zu sagen, wenn man nicht feststellen müsste, dass die Raupe zum Lieblingsaufenthalt einer ge-

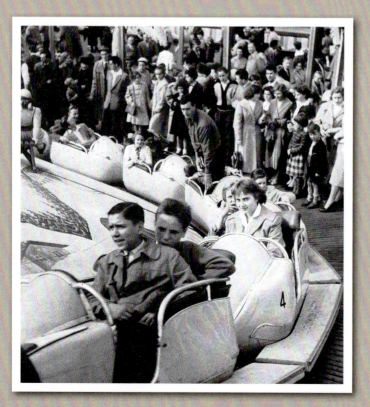

Fotos auf dieser Doppelseite: Auf den Bahnen mit moderner Beschallung war es tagsüber genauso voll wie an den Abenden. Verantwortlich für die Begeisterung des Jungvolks waren unter anderem die Brüder Parparlioni (unten), deren Familie auch heute noch auf Crange steht.

wissen Kategorie Jugendlicher geworden ist. Wir treffen dort immer wieder jene niethosentragenden jungen Mädchen und Jungen an, die bereits irgendwie unangenehm in Erscheinung getreten sind, nämlich unsere kriminellen, erziehungsschwierigen, verwahrlosten und haltlosen Jugendlichen. Es sind dieselben, die eine Milchbar oder eine Gastwirtschaft zu einem gefährdenden Ort machen.

Diese Jugendlichen schaffen auch die Atmosphäre auf der an sich harmlosen Raupenbahn. Die Rock'n'Roll-Musik und die Schlagertexte mit ihrem oft sehr schlüpfrigen, zweideutigen Inhalt tun ein übriges: Hier kann man sich einmal mit Duldung der Öffentlichkeit in sittlicher Hinsicht gehen lassen. So braucht es

nicht zu verwundern, wenn sich 14-15jährige Mädchen mit jungen Burschen ganz ungeniert vor aller Öffentlichkeit am helllichten Tage intensive Küsse geben, sich oben und unten an die Geschlechtsteile fassen; wenn gerade schulentlassene Jungen unter Ausnutzung des Gedränges auf Tuchfühlung mit dem anderen Geschlecht gehen, um ihre ersten körperlichen Erfahrungen mit dem anderen Geschlecht zu sammeln; wenn anstößige Gebärden und Reden unter den Jugendlichen an der Tagesordnung sind; wenn betrunkene Erwachsene sich ihr Opfer unter den jungen Mädchen aussuchen; wenn Asoziale und Homosexuelle die Gelegenheit zu neuen Bekanntschaften ausnutzen." (So weit der O-Ton aus dem Jahr 1959.)

Schnelles und entschlossenes Handeln war gefragt, das Jugendamt ließ sich nicht lange bitten und schrieb 1965 an alle Besitzer von Raupenbahnen: „1) Die Zugänge zur Raupe sind freizuhalten. Die Besetzung des Umganges der Raupe ist so zu gestalten, dass Mitfahrende ungehindert ein- und aussteigen können.
2) Das Überziehen und Schließen des Verdeckes über die Fahrenden ist auf höchstens 15 Sek. Dauer zu beschränken.
3) Die Auswahl der Schlager muss so erfolgen, daß alle jugendgefährdenden Texte vermieden werden. Sogenannte Rock'n'Roll-Musik, die unter den gegebenen Umständen zur Bandenbildung und zum Randalieren von Jugendlichen aufreizen kann, ist nur dann zugelassen, wenn die Gefährdung nicht gegeben ist.
4) Die Lautstärke der Musik ist auf höchstens 60-80 Phon zu beschränken und so einzustellen, dass sie keine aufreizende Wirkung auf die Jugend hat.
5) Der Ansager hat alle zweideutigen Bemerkungen und Witze zu unterlassen.
6) Die das Fahrgeld auf der anfahrenden Raupenbahn einsammelnden Kassierer sind streng anzuhalten, alle zweideutigen Bemerkungen und ungehörigen Belästigungen von Kindern und Jugendlichen zu unterlassen. Nach dem Kassieren und Abliefern des Geldes an der Hauptkasse ist den Kassierern das Zusteigen zu mitfahrenden Mädchen zu verbieten; zwischen Jugendlichen auf der Raupe sollen sie sich nur aufhalten, um Ordnungsfunktionen auszuüben."

Annette Krus-Bonazza hatte für ihr Buch „Auf Cranger Kirmes" einige Schausteller interviewt, darunter auch die Brüder Parparlioni, die mit einer Bon-Bahn ebenfalls zu den Tugendsündern gehörten: „Damals kamen richtig große Bullis auf den Platz, und jeder Jugendliche wurde in den Bulli reingepackt: Personalkontrolle! Da war abends um acht unser Geschäft voll mit Jugendlichen, so 15- bis 18jährige. Auf einmal kam ein Bulli angefahren, und ehe man sich versah, war unser Geschäft leer. Da sind die alle flüchten gegangen, weil die Personalkontrolle machten. Manche der Jugendlichen haben auch ihre Witze gemacht. Wenn das Verdeck runter ging, haben sie einen Büstenhalter rausgehalten. Die Jugendlichen, die drumherum standen, lachten. Einer ist sogar mal auf die Idee gekommen, einen Schlüpfer rauszuhalten. Das waren ja nur Witze, und alle haben gelacht, aber wenn das einer vom Jugendamt sah."

Für die Box-, Catch- und Ringveranstaltungen wurde Ende der 1950er ein strengstes Jugendverbot ausgesprochen. Kampfsport kam auf den Index. Die Veranstalter wichen allerdings auf Privatgrundstücke in Kirmesnähe aus. Erst Ende der 1960er wurden dann die Kampfbuden wieder auf der Kirmes zugelassen.

Die St.-Moritz-Bahn der Familie Parparlioni in den späten 1950er Jahren.

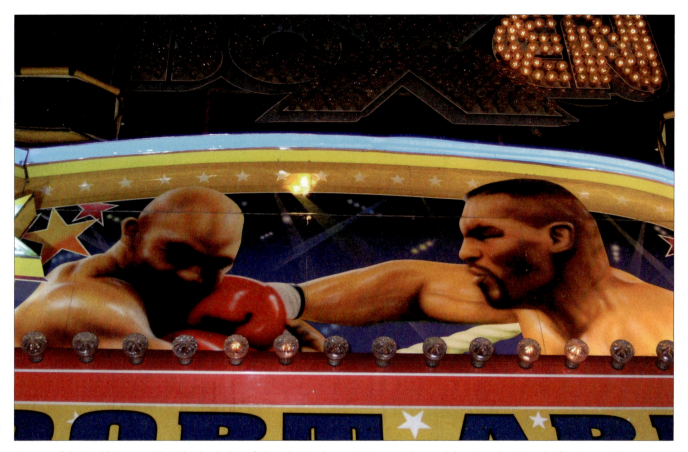

Immer auf die Zwölf: Box- und Catchbuden lockten früher die Zuschauer in Massen. Aber auch heute noch steigen kräftige junge Männer gerne in den Ring zu den „Profis" der Schausteller. Um sich vermöbeln zu lassen. Oder um ordentlich auszuteilen.

Viel Vergnügen!

Von der großen Tradition der Vergnügungs- und Unterhaltungsbuden ist auf der Cranger Kirmes der Neuzeit noch das eine oder andere übrig geblieben. Wird aber oft im Getöse, Tempo und Gedränge der Kirmes an den Rand gedrängt. Natürlich nicht wörtlich, denn die Schießbuden, Geschicklichkeitsgeschäfte und Laufbetriebe stehen meist mitten drin. Sie haben es aber bei all dem Höher, Schneller, Lauter und Bunter nicht leicht.

Oder wussten Sie, dass man auch auf einer modernen Cranger Kirmes noch Fäden ziehen oder Plastik-Enten angeln kann? Und das gleich sechsmal auf dem Platz? Auch die gute alte Schießbude ist nicht tot zu kriegen.

Man kann auf Crange aber auch einen Automaten verhauen. Der schlägt nicht zurück.

Hier gilt es, Luftballons kaputt zu machen.   *Und hier müssen zehn Dosen vom Regal geholt werden. Kinder dürfen auch schon mal vom Tresen werfen.*

Noch ein Dutzend davon konkurriert auf Crange mit rund 20 Ständen, an denen mit Ringen, Pfeilen oder Bällen geworfen wird. Zehn weitere Schausteller bieten Geschicklichkeitsspiele aller Art, bei denen man mit hohen Punktzahlen oder im Wettbewerb mit anderen Besuchern in etwa das Gleiche gewinnen kann wie an den anderen Buden auch: vom Schlüsselanhänger bis zum Plüschtier. Vom Schaumwein bis zur formschönen Kristallglasvase.

Klassiker auf Crange sind natürlich auch die Losbuden, von denen heute derer sieben auf Kirmes stehen. Auch hier gibt es – allerdings ohne Mühe und Geschicklichkeit – allerlei zu gewinnen, allen voran überdimensionale Plüschtiere, deren Gewinner dann die sperrigen Figuren über den Rummel schleppen müssen. Trotz irreführender Bezeichnungen wie „Rollendes Kaufhaus", „City Shop" oder „Spielcasino

Hier muss der Ball rollen ...   *... und hier muss er an den Nägeln haften.*

Kein Schwan dabei, nur Enten. Die kann man sogar angeln – und vielleicht etwas gewinnen.

Monte Carlo" werden hier weder Waren verkauft noch Chips auf rollende Kugeln gesetzt.

Mit wenig bis gar keinem Personal kommt das knappe Dutzend Automatengeschäfte aus, wozu auch der beliebte Kraftmeier-Apparat „Hau den Lukas" gehört. Ebenfalls noch auf Crange anzutreffen sind die sogenannten Laufgeschäfte, in denen die Besucher

Hier wird geballert ...

... und hier gekugelt.

67

Großer Ball, kleiner Korb. Geht trotzdem manchmal rein ...

Die Lokalzeitungen nannten ihn schon in den 1950ern eine Legende: Der aus Ungarn stammende und in Wanne-Eickel lebende Sandor Nagy galt als „Meister aller Catcher und Schaumacher". Und als eine der unangefochtenen Attraktionen auf Crange. Selbst als er sich die wallende Mähne stutzte und auf Bart umsattelte, konnte Nagy noch Kämpfe gewinnen und Zuschauer begeistern.

Auch beim Boxen stieg unter anderem lokale Prominenz in den Ring, wie etwa Erich Prieß oder Conny Kumpowski. Doch trotz aller ernsthaften Fights durften Späße nicht fehlen. So brachte ein Boxer auch schon mal eine mit Blut gefüllte Schweinsblase mit auf den Rummel, damit beim Kampf der Fäuste das Blut so richtig fließen konnte.

weder gefahren noch katapultiert werden, sondern selbst laufen müssen. Aktuelle Laufgeschäfte wie etwa das „Lach- und Freu-Haus", „Psychedelic" oder die „Super Mario World" konkurrieren mit der „Super-Rutsche", die es schon vor Jahrzehnten gab.

Zu dieser Kategorie gehören noch

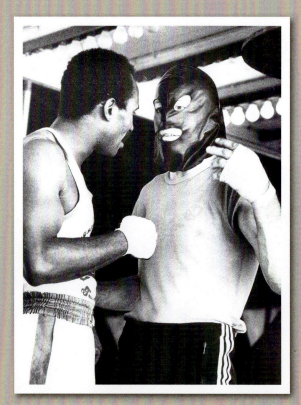

Mit auf Tour: Maskenmänner und durchtrainierte Fighter.

Publikumslieblinge: Hobby-Boxer auf großer Bühne.

So sehen Gewinne aus ...   *... und so Gewinnerinnen!*

weitere Klassiker, die nach vielen Jahrzehnten immer noch oder wieder mal auf Crange stehen. Etwa der Rotor, bei dem die Besucher „wie Fliegen an der Wand kleben", oder die Überschlagschaukeln, bei denen man selbst Schwung geben muss. Na, und was wäre Crange ohne Boxbude? Eben.

Deshalb gibt's auch heute noch was aufs Maul, wenn man den Kampf gegen die bunte Box-Crew annimmt. Und schadenfrohe Zuschauer.

Selbst Wahrsagerinnen gibt es noch auf Crange. Weil eine Wahrheit oft nicht reicht, dürfen „Ronja" und „Medusa" miteinander konkurrieren.

Unter Gewinn-Losen begraben: Streichelzoo à la Crange.

Berliner Bären waren der Renner in den Sechzigern.

Lose, Treffer, Sensationen

In den frühen Tagen von Pferdemarkt und geselligem Umtrunk gesellte sich zu dem bunten Treiben bald ein Markt mit Waren aller Art. Der Begriff Krammarkt tauchte erstmals 1837 auf. Zu dem bunten Treiben in den Gaststätten kamen im Laufe des 19. Jahrhunderts dann auch Schießstände, Spiel- und Geschicklichkeitsgeschäfte und Losbuden vor den oder rund um die Kneipen hinzu. Die Gastwirte rüsteten natürlich auf und boten ein immer aufwändigeres Programm mit Salonhumoristen nebst Komikerwettstreit, Tanz, Freikonzerten, Possenensembles, Varietékünstlern und Akrobaten. Die dann mit Glücksrädern, Spiel- und Würfeltischen, Hau den Lukas, Plattenwerfen oder Schießbuden konkurrierten.

Apropos Schießbuden: Die Tonröhrchen mit den langstieligen Plastikrosen gab es damals noch nicht. Es wurde auf Scheiben geschossen oder auf Blechziele, die Bewegungen in Gang setzten und per Blasebalg Töne erzeugten, die das Schreien von Kindern simulieren sollten.

Neben solch makaberen Späßchen gönnten sich die Cranger und ihre Nachbarn auch eine Menge Neuheiten, die nach und nach die Jahrmärkte eroberten: Irrgärten, Spiegel- und Lachkabinette sowie Vorläufer der modernen Laufgeschäfte wie etwa Rotor, Teufelsrad, Rollende Tonne oder Toboggan (Schlitten-Rutsche).

Hier zählte noch die Ware und nicht das Drumherum. Der Spielzeugstand von Mikli in den 1950ern.

Als dann im frühen 20. Jahrhundert der Kriegshunger die Deutschen packte, hatten auch die Schießbuden Hochkonjunktur. Hier konnte Wehrbereitschaft an Pappfiguren demonstriert werden. Auch das fatale Ende des Ersten Weltkriegs konnte die Popularität der Schießbuden nicht nennenswert schmälern. Bald setzten auch die Nazis wieder auf Ertüchtigung und blickten wohlgefällig auf das wehrhafte Schießen.

Nach dem verlorenen Zweiten Weltkrieg gab es zunächst keine Schießbuden, in Übereinstimmung mit den Alliierten waren alle Schaustellungen mit wehrsportlichem oder militärischem Charakter verboten. Das Verbot hielt bis in die 1950er Jahre. Dann tauchte auch die zivile Version der Schießbude wieder auf, die sie bis heute geblieben ist.

Dauerkonjunktur genossen auf Crange Spiel- und Glücksgeschäfte aller Art. Vor allem in miesen und in den ganz harten Zeiten suchten die Menschen Ablenkung und die Hoffnung auf ein klein wenig Glück. Was dann auch den Losbuden, die in den 1920er Jahren Premiere hatten, großen Zulauf bescherte. Waren es anfangs noch Haushaltswaren und Gebrauchsgegenstände wie etwa Töpfe, Geschirr, Korbstühle, Blumen, Geflügel oder Kokosnüsse, kamen bald Teddybären, Gummistörche und Riesenbälle dazu. Jede Ära hatte ihre Modeerscheinungen, die auf Crange dann als Hauptgewinne zu ergattern waren: „Drollys" und „Knuffys" aus USA, Lebensmittelkörbe und „Berliner Bären" in den 1960ern, Mäuse, Kermits und Dinos in den 1980ern oder Schwammköpfe und Schlümpfe heute.

In den 1930ern gab es auf der Kirmes auch mal einen Schlüsseldienst.

Schwer angesagt in den Sechzigern: Drolly aus U.S.A. und Vogelgezwitscher am Stiel (Mikli).

In den 1990ern hatte Mikli dann ordentlich aufgerüstet …

Guten Appetit! – Zum Wohl!

Im Laufe der letzten Jahrzehnte ist das gastronomische Angebot auf der Cranger Kirmes immer internationaler geworden. Wer bei seinem Kirmesbummel an einer oder mehreren der inzwischen 135 gastronomischen Betriebe Halt macht, hat die Auswahl zwischen Crêpes, Döner, Pizza, Hot Dogs, Gyros, Milchshakes, Cocktails, Prager Schinken, französischem Käse und vielem mehr. Natürlich sind auch noch die Klassiker wie Backfisch oder Thüringer Rostbratwurst im Angebot. Und das Lieblingsgetränk der Kirmesbesucher ist immer noch das Bier.

Neben den 135 Buden und Ständen, an denen Speisen (meist warm) und Getränke (meist kalt) angeboten werden, gibt es auf einer aktuellen Cranger Kirmes noch 58 Süßwarenstände und 14 Eisbuden, die um das Kleingeld und die Gunst der Kirmesbummler buhlen. (Diese exakten Zahlen sind übrigens Durchschnittswerte der letzten 14 Jahre.) Alle Stände, Buden, Pavillons und Wagen sind fein über das gesamte Kirmesgelände verteilt. Rastplätze in Biergärten oder unter Zeltdächern inklusive.

Dieses Kapitel kommt ohne Bildzeilen aus. Bestimmt!

Die Stammwirte und -gastronomen der Kirmes haben natürlich auch ihre Stammplätze. Viele Kirmesbesucher orientieren sich daran („Bei Steinmeister links und dann noch 50 Meter ...") und andere richten gar ihren Kirmesbummel nach der geplanten Speisefolge aus. Man trifft alte Bekannte an seinem Stamm-Ausschank und weiß, wo es die Mandeln mit dem wenigsten Zucker oder die mit der dicksten Karamellschicht gibt.

Zwei Besonderheiten der Cranger Kirmes sollten aber nicht unerwähnt bleiben: das Bayernzelt und die Hauptstraße. In ersterem finden seit den 1950er Jahren auch die offiziellen Termine statt. So zum Beispiel, wenn der Oberbürgermeister zur Kirmes-Eröffnung ein Fass ansticht (Hallo München! – Dass der jahrzehntelange Betreiber des Bayernzeltes auf der Cranger Kirmes aus Bremen stammte und einen norwegischen Namen trug, sei nur am Rande erwähnt). Und die Hauptstraße, die eine Schnittstelle zwischen dem Kirmestreiben und dem realen Leben der Cranger und Wanner Bevölkerung bildet.

Schnuckerkram gab es auf Crange auch schon vor mehr als 100 Jahren.

Waffelbäckerei Dierichs zur Jahrhundertwende.

Diesen Stand könnte man auch heute noch auf die Kirmes stellen (Aufnahme ca. 1920er).

Auf Crange war schon immer lecker

Essen und Trinken gehörten in Crange bereits zum Laurentiustag, bevor man überhaupt von einer Kirmes sprach. Nach erfolgreichem Pferdehandel wollte der Deal natürlich ordentlich begossen werden – und dafür gab es in Crange ja einige Wirtsleute, die nicht nur ausschenkten, sondern auch ordentlich auftischten. Noch weit bis ins 19. Jahrhundert, als Industrialisierung und wachsende Bevölkerung der Emscher noch nicht den Garaus bereitet hatten, war das Flüsschen, das sich in einem Bogen um Crange herum schlängelte, für seinen Fischreichtum bekannt. Und so wundert es nicht, dass viele Wanne-Eickeler nicht von der Cranger, sondern von der Hechtkirmes sprachen.

Die Wirte, allen voran die fünf Urgesteine Garthmann, Abendhard, Funcke, Sassenhoff und Brockhoff, boten ihren Gästen noch allerlei Zünftiges und Deftiges fürs leibliche Wohl. Und sorgten mit Tanzmusik, Bühnenprogrammen und allerlei Angeboten auch für die Unterhaltung ihrer Gäste.

Im Laufe des 19. und 20. Jahrhunderts gesellten sich auf den Cranger Festwiesen immer mehr Speisen und Leckereien hinzu, die inzwischen längst Klassiker wurden. Ob das nun die Produkte der Metzgerei Kolbe waren, die seit 1884 in Crange ansässig war, oder die Lebkuchen der legendären Oma Seibel, die in den 1880ern noch mit Kiepen auf dem Rücken von der Seibelschen Konditorei in Essen-Rüttenscheid nach Crange getragen wurden.

Klassiker auf Crange: Das Fischbrötchen erfreute sich auch 1935 g großer Beliebtheit. Topmodern: die Glühbirnen über der Auslage.

In den 1920er Jahren kam ein kulinarisches Vergnügen hinzu, das heute ebenfalls nicht mehr wegzudenken ist. Nachdem die transportable Eismaschine erfunden war, dauerte es nicht lange, bis auch auf der Cranger Kirmes die ersten Eisbuden standen. 1939 verzeichneten die Organisatoren 19 (!) Eiskonditoreien auf Crange, neben 30 weiteren Konditorbetrieben, die Naschwerk aller Art während der Kirmes anboten.

In den ersten Jahren des Zweiten Weltkriegs lief die Kirmes weiter mit zunächst wenig beschränktem Angebot. Nur bei den Fischbuden musste man Lebensmittelscheine vorlegen. Nach der kriegsbedingten Pause der Cranger Kirmes ging es bescheiden zu. Das Zitat einer Nachkriegsbesucherin, die mit etlichen Kindern unterwegs war, macht die Situation deutlich: „Zu essen haben wir nichts, da wollen wir uns wenigsten amüsieren."

1948 und 1949 gab es dann wieder lang entbehrte kulinarische Genüsse wie etwa Schellfisch und Bücklinge. Und eine Neuheit kam hinzu: Die Thüringer Bratwurst eroberte Crange und stand bald auf Platz 1 der Kirmes-Speisekarte. Ins Ruhrgebiet gebracht hatte die leckere Wurst der Rheinländer Wilhelm Kebben, der während seiner Metzger-Ausbildung auch in Thüringen lernte und das Rezept nach seiner Rückkehr mitbrachte. Kebben heiratete in eine Schaustellerfamilie, gab das stationäre Geschäft auf und wurde Reisemetzger. Anfangs wurden die Würste noch vor Ort auf dem Cranger Kirmesplatz hergestellt. Bald aber wurden einheimische Betriebe mit der Herstellung der Wurst nach Kebbens Rezept beauftragt.

Neben Wurst und Fisch bestimmten aber auch die verschiedenen Süßwaren- und Speiseeisstände mit Klassikern wie Lebkuchen, Türkischer Honig, Mandeln, Waffeln oder Zuckerwatte das Bild der Cranger Kirmes.

In den 50ern wurde das Angebot erweitert um Reibekuchen, Schaschlik, Hähnchen, gebratene Ochsen und Schweine am Spieß nach dem Vorbild des Münchener Oktoberfestes. Manche gastronomische Tradition wurde damals begründet, wie etwas das Etagencafé, das es seit 1953 auf Crange gibt. Manches verschwand aber in der Versenkung, wie etwa das Automatenrestaurant, das die 1960er nicht überdauerte.

Mittendrin statt nur dabei: Besucher auf Crange.

Wenn es zu voll wird, einfach mal die Fahrtrichtung wechseln ...

Mensch, ist das voll hier!

Sonnenuntergang auf Crange: Nach Hause geht es jetzt noch lange nicht ...

Wer Überschaubarkeit schätzt, Ellbogenfreiheit braucht oder gar die Einsamkeit liebt, ist für die Cranger Kirmes definitiv eine Fehlbesetzung. Auf Crange ist es (meistens) voll und herrlich unübersichtlich. „Ja nee, is' voll hier", hätte Adolf Tegtmeier gesagt. Und trotzdem einen Tresen gefunden, wo er in Ruhe sein Bier getrunken hätte. In der Tat, vor allem an den wettermäßig schönen Kirmestagen sind zahlreiche Menschen auf Crange unterwegs.

Trotzdem kann man auf der Kirmes völlig gegensätzliche Erfahrungen machen. Es kommt darauf an, wann und wo man ist. Nachmittags ist vor Riesenrad oder Achterbahn entspanntes Bummeln möglich. Um 18 Uhr kann man wochentags beim Bummeln noch ein Eis essen und am Wochenende gibt's ab 20 Uhr die staugefährdeten Abschnitte des Rummels. Auf der Kreuzung vor Steinmeister oder

vor dem Cranger Tor, wenn aus zwei Richtungen Familien und Senioren die Kirmes verlassen und auf junge und kräftige Marschsäulen treffen, die aus zwei anderen Richtungen kommend auf den Platz wollen. Als Treffpunkt deshalb ungeeignet.

Wenn man sich als Crange-Besucher so fragt, wie viele Menschen da denn so gerade um einen herumwuseln, helfen die Statistiken von Ordnungsamt oder Polizei. Die Besucherzahlen haben sich in den letzten Jahren zwischen 4 und 4,8 Millionen eingependelt. Damit steht Crange regelmäßig auf einem Champions League-Rang. Nur das Münchener Oktoberfest (immer diese Bayern!) hat konstant die meisten Besucher in Deutschland, nämlich knapp 7 Millionen. Die verteilen sich aber auf bis zu 18 Tage.

Und da sieht es gleich ganz anders aus: Während auf Crange im Schnitt mehr als 400.000 Menschen täglich übers Festgelände streifen, sind es auf der Theresienwiese deutlich weniger als 400.000. Auch die anderen Volksfeste Deutschlands, die in der Cranger Liga spielen und etwa die gleichen Gesamt-Besucherzahlen nennen, müssen beim Tagesdurchschnitt klein beigeben: Auf dem Bremer Freimarkt (4,4 Mio., 17 Tage), dem Hamburger Frühlingsdom (4 Mio.,

Fotos auf dieser Doppelseite: Abendimpressionen vom Cranger Festplatz.

Hilft das Smartphone bei der Orientierung?

Zu Stoßzeiten steht man im Stau – und bezahlt sogar noch dafür!

Überfüllte Verkehrsmittel? Gedränge gibt es nur beim Ein- und Aussteigen.

30 Tage) und dem Cannstatter Wasen (3,7 Mio., 16 Tage). Nur die Düsseldorfer mit ihrer „Größten Kirmes am Rhein" sitzen uns mit 4,3 Mio. Besuchern an ebenfalls zehn Tagen dicht im Nacken.

Die Nachmittagsbesucher sind weg, jetzt strömen die Nachtschwärmer auf die Kirmes.

Voll wird aber erst dann zu wirklich voll, wenn man auch noch den Platz berücksichtigt, der den Gästen zur Verfügung steht. Die Münchener haben fast dreimal so viel Platz wie wir, und die Stuttgarter können sich gar auf 420.000 Quadratmetern ausbreiten. Auch in Bremen und in Hamburg sind die Kirmesflächen größer. Und die Düsseldorfer? Haben anderthalb mal so viel Platz wie wir – bei gleicher Besucherzahl und Dauer. Mehr Gedränge als auf Crange gibt es nirgendwo auf deutschen Kirmessen. Voller geht nicht.

83

Zu Besuch auf Crange: Wie aus ein paar Hundert einige Millionen wurden

Während in der frühen Geschichtsschreibung der Cranger Kirmes meist nur Statistiken über das gehandelte Vieh geführt wurden, sind aus der Neuzeit auch einige Angaben unterschiedlichster Quellen zu den Besucherzahlen erhältlich. Anfang des 20. Jahrhunderts schätzten die Wanne-Eickeler Zeitungen die Zahl der auswärtigen Besucher auf 50.000. Was eine ziemliche Menge gewesen sein muss, denn die Kirmes dauerte damals gerade mal einen Tag (die Menschen sollten schließlich arbeiten und nicht feiern).

Nach langem, zähem Ringen der Gastwirte und Vereine mit den Tugendwächtern wurde 1912 schließlich der zweite Kirmestag bewilligt. 1920 durften es dann auch drei Tage sein. Das Resultat waren laut Lokalpresse 100.000 Besucher im Jahr 1926 und sechs Jahre später dann eine Verdoppelung auf 200.000 Gäste. Pro Tag also nahe an 70.000.

Für das Jahr 1935 meldete man dann einen unglaublichen Rekord: Eine Million Besucher sollen es damals auf Crange gewesen sein. Was aber wahrscheinlich eher den Wunschvorstellungen der Nationalsozialisten entsprach, die sich auch die Kirmes gegriffen hatten, um ihre völkische Propaganda zu verbreiten.

In der Nachkriegszeit war trotz allgegenwärtiger Not der Wunsch nach ein paar sorgenfreien Stunden auf Crange nicht zu übersehen. 50.000 Besucher zählte man auf Crange bereits am Kirmessonntag 1946, obwohl diese erste Nachkriegskirmes improvisiert und ebenfalls vom Mangel gezeichnet war.

Aber Crange erholte sich schnell. Laut Lokalpresse soll die 1947er Kirmes bereits wieder „Friedensumfang" gehabt haben. 1949 zählte man schon wieder 500.000 Besucher. Allerdings mit

In den 1930er Jahren konnte man sich auch mal mitten auf den Festplatz setzen.

Auch dieses Bild, aufgenommen vermutlich in den späten 1920ern, zeigt noch einen Festplatz mit viel Ellbogenfreiheit. (Slogan des Fahrgeschäftes im Hintergrund: „Wir fahren uns selbst. Hurra, wir fahren immer weiter!"). Unten: In den 1950ern wurde es dann merklich voller auf Crange.

einem kleinen Trick: In diesem Jahr wurde die Kirmes nämlich auf sieben Tage verlängert. Die Besucherzahlen näherten sich in den Folgejahren der Millionenmarke, diesmal aber nicht schöngerechnet, sondern real.

Eine Besucherdelle gab es dann 1952: „nur" 750.000 auf Crange. Was unter anderem auch daran lag, dass die Kirmes vorübergehend wieder nur fünf Tage dauerte. Die erste Nachkriegskirmes ohne Regen und große Hitze zog 1953 dann die ersehnte Million nach Crange. Die Popularität der Kirmes wuchs rasant, was auch daran lag, dass die Stadt Wanne-Eickel die Kirmes auch werbetechnisch kräftig stärkte. 1959

Oben: Ordentliches Gedränge in den Siebzigern, als das Kuppelkino „Cinema Futura" noch eine kleine Sensation war. Unten: In den 1960ern staunten die Kirmesgänger über ein Kinderfahrgeschäft, das einen Raketenritt in luftige Höhen bot. Dahinter das Kettenkarussell alias „Wellenflug"

schoben sich mehr als zwei Millionen Menschen über das Gelände am Rhein-Herne-Kanal.

In den 1960ern geriet dann die Cranger Kirmes bei den städtischen Aktivitäten etwas ins Hintertreffen, die Besucherzahlen stagnierten. Erst in den 1970ern mit einer Erweiterung auf zehn Tage und einer erheblichen Ausweitung und Aufwertung des Programms begannen die Besucherzahlen wieder zu klettern. 1973 kamen 2,5 Mio. Besucher, sechs Jahre später wurde die Drei-Millionen-Marke geknackt. Die Vier-Millionen-Grenze war schließlich 1991 fällig: Top-Wetter ohne Regen und Hitze sei Dank.

Seitdem sind die Besucherzahlen auf Crange nie wieder unter vier Millionen gefallen. In den letzten Jahren hat sich die Gästeschar, je nach Wetter und Ferienbedingungen in NRW, auf über vier Millionen eingependelt. Und das sollte reichen, denn viel mehr Leute passen nicht auf den Kirmesplatz, ohne dass es ungemütlich wird.

Die meisten Besucher gab es übrigens mit ca. 4,8 Mio. im Jahr 2008. In den Jahren 2011 und 2012 waren es 4,4 Mio. Besucher. Da dauerte die Kirmes allerdings elf Tage. Am Kirmesvortag, also jeweils am ersten Donnerstag im August, durfte in diesen beiden Jahren ab 17 Uhr der Rummel ganz offiziell starten. Den elften (halben) Tag gäbe es auch heute noch, hätte nicht ein Anwohner protestiert: Eine Ausnahmegenehmigung für lärmintensive Veranstaltungen gibt es in NRW nämlich nur an zehn Tagen pro Jahr und Stadtteil.

Bilder rechts: Ende der 1960er und Anfang der 1970er Jahre war es dann schon ziemlich voll auf der Kirmes. Für die man sich, bei Erreichen eines gewissen Alters, auch ordentlich fein machte.

Der Kirmesplatz 2013 einen Tag vor Beginn des Rummels. Im Vordergrund der Rhein-Herne-Kanal. Hinten zieht sich das Band der A 42 durchs Bild.

Größer geht nicht

Es geht nicht mehr: Das Limit ist erreicht. 110.000 Quadratmeter Freifläche haben die Kirmesorganisatoren einer ansonsten ziemlich zugebauten Stadt abgerungen. Flächenmäßig kann die Kirmes nicht mehr wachsen. Es sei denn, man schüttet den Rhein-Herne-Kanal zu. Aber das ist nicht in realer Planung. Also endet die Cranger Kirmes am Rhein-Herne-Kanal, spart fein säuberlich das Restdörfchen Alt-Crange aus, schmiegt sich an einen Baumaschinenhersteller, flutet über die Heerstraße und in die Dorstener Straße und schwappt über die Hauptstraße.

Des Weiteren schlägt sie einen Bogen um die Cranger Kirche nebst Gottesacker, guckt in die Gärten der Kirmesanlieger und macht erst vor dem Sandberg halt, der heute natürlich kein Sandberg mehr ist, sondern ein bewaldeter künstlicher Hügel. Dem die Kirmes im übrigen sowieso schon fast die Hälfte geklaut hat.

Ansonsten ist heute alles entfernt, was früher noch störend auf der Kirmes herumstand, wie etwa die alte, von Bergschäden in die Knie gezwungene Cranger Schule. Zwei Dinge kann man heute noch auf der Kirmes entdecken, die an früher erinnern: Einen Weltkriegsbunker, der mit Kreuz und Halbmond von Helmut Bettenhausen

umgestaltet wurde, und einen eingezäunten Schachtdeckel. Hier stand mal Schacht 5, eine Außenstelle der Zeche Unser Fritz.

Dank eines effektiven Flächenmanagements packen die Organisatoren auf die 11 Hektar nicht nur 500 Schaustellerbetriebe, sondern bringen auch noch fünf Kilometer Budenfront darauf unter. Inklusive Dorstener und Hauptstraße, versteht sich.

Da es in Crange nur vier kurze Sträßchen gibt (Altcrange, An der Cranger Kirche, Spinnbahn und Adolf-Brenne-Weg), wurden noch ein paar weitere Wege angelegt, die nur während der Kirmes-Zeit einen Namen tragen. Die Benennung der Kirmes-Straßen folgt einem alten Vorbild: dem Hollywood Walk of Fame, wo man gegen eine großzügige Spende einen Stern im Asphalt bekommt. So ähnlich funktioniert das in Crange. Nur dass man hier Straßenschilder genommen hat, weil ja die Sterne während der Kirmeszeit gar nicht zu sehen wären. Wer noch dringend ein originelles Geschenk sucht: Für 1.500 Euro pro Kirmes können Sie Ihrem Herzblatt eine Straße widmen.

Der Cranger Festplatz von Osten. Unten im Bild das Ruinenfeld des ehemaligen Hauses Crange und die verbliebenen Häuser des alten Dorfs Crange.

Seit 100 Jahren Platzprobleme ...

Wo genau die ersten Viehmärkte mit anschließenden Festivitäten stattfanden, lässt sich nicht mehr genau ermitteln. Da, wo die Geschichtsschreibung einsetzt, wusste man von einem kleinen Marktplatz zu berichten. Auch die umliegenden Grundstücke der Bauern und vor allem der Gastwirte von Crange spielten eine wichtige Rolle. Und mancher Nachbar verdiente sich ein paar Taler, indem er seine Wiese für die Ausweitung des Rummels vermietete.

Als der Kanal 1914 einen Schlussstrich im Norden zog und gleichzeitig das Kirmesangebot immer mehr wuchs, wurde der Platz in Crange während der 1920er Jahre knapp. Vor allem die Industriebetriebe, die sich in unmittelbarer Nähe des Kanals ansiedelten, beanspruchten Flächen, die bald das Kirmesareal spürbar einengten. Und mitten auf dem Kirmesplatz werkelte noch die

Schachtanlage 5 der Zeche Unser Fritz. Die Organisation der Kirmes wurde komplizierter.

1955 machte Wanne-Eickel den Sprung zur Großstadt, die sich selbst gerne als Bergbaumetropole bezeichnete. Die städtischen Organisatoren kratzten so viel Kirmesgelände zusammen wie möglich, denn die Besucherzahlen erreichten die Zwei-Millionen-Grenze und machten Crange zur viertgrößten Kirmes der jungen Bundesrepublik.

Bereits im Vorjahr war die Kirmes durch den Ankauf privater Grundstücke um 13.000 Quadratmeter erweitert worden. Teile des Platzes wurden aufgepflastert und eine Wasserringleitung wurde angelegt. Zwei neue „Straßen" kamen auf den Platz, und die Fläche wuchs bis 1958 auf 57.000 Quadratmeter.

Bis 1978 vergrößerte sich die Kirmes schrittweise bis auf 80.000 Quadratmeter. Dann kündigte der östliche Nachbar Schwing den bestehenden Pachtvertrag und der Cranger Rummel schrumpfte 1979 schlagartig um 20.000 Quadratmeter. Die Organisatoren erwogen bereits, die Kirmes in einen anderen Stadtteil zu verlegen. Durch Zukauf einiger Kleingarten-Grundstücke, die teilweise Abtragung des Sandberges und den Abriss ehemaliger Wohnbaracken gelang es aber, das Spektakel in Crange zu erhalten und wieder auf seine vorherige Größe zu bringen. Mehr noch: Nach Abschluss des Landgewinns betrug die Fläche der Kirmes sogar 85.000 m².

In den Folgejahren wurden dann die letzten Quadratmeter aus dem Veranstaltungsgelände herausgequetscht, soweit es Kanal, Heerstraße, Dorstener Straße und die bestehende Bebauung zuließen. 110.000 Quadratmeter wurden es schließlich inklusive der bespielten Straßen. Und dabei wird es auf lange Sicht wohl auch bleiben.

Diese Luftaufnahme müsste in den 1950er Jahren entstanden sein und zeigt einen Blick über die Kirmes von Südwesten. Die gesamte westliche Kirmesfläche war zu diesem Zeitpunkt noch nicht erschlossen. An der Heerstraße (oberes Bilddrittel) gab es noch Wiesen und Äcker, die Firma Schwing war noch klein und überschaubar. Attraktionen auf der Kirmes waren die (Holz-)Achterbahn, dahinter das Zirkuszelt sowie das Motodrom über zwei Etagen (vorne rechts).

Diese Aufnahme ist in den 1960er Jahren gemacht worden. Der Festplatz wurde bereits nach Westen vergrößert (links im Bild), und hinter dem Riesenrad kann man noch Haus Crange erkennen. Die Heerstraße rechts im Bild war voller Buden und gehörte damals noch zum Kirmesgelände.

Während der zehn Tage Cranger Kirmes findet auf dem Festplatz auch gleich die größte Open-Air Bilder- und Skulpturenausstellung des Ruhrgebiets statt. Noch nie gesehen? Sie laufen doch mittendurch, wenn Sie über die Cranger Kirmes gehen! Wenn Sie den Blick mal nach oben richten – oder sich vielleicht nur einen Ausschnitt ansehen, entdecken Sie eine vielfältige Kunstszene. Zwischen Dilettantismus und hoher Kunst der Plakat- und Schildermalerei.

Voll die Deko

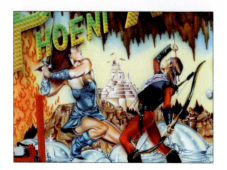

Und das allermeiste dabei ist noch echte Handarbeit. Hier dürfen noch echte Menschen mit echten Pinseln, mit Gips und Gummi ran. An den Flächen der Stände und Buden, der Spiel-, Verkaufs- und sonstwie Hallen, der Gastronomien und Fahrgeschäfte haben sie sich verewigt, wenn auch ohne Signatur.

Viele dieser fahrbaren Kunstwerke sind spaßig, bunt und einladend. Mitunter auch informativ oder handwerklich 1 A. Daneben gibt es aber auch Grottenschlechtes zu sehen. Vom thematischen Missgriff bis hin zur ungelenken Ausführung der Malerei oder Gestaltung.

Bei einem Crange-Bummel wird man viele Alt-Stars früherer Jahrzehnte, gar Jahrhunderte entdecken. Man solle sich aber nicht dem Irrglauben hingeben, dass die Nostalgie und Gemütlichkeit versprechenden Fahrgeschäfte tatsächlich auch gemütlich sind. Nicht alles, von dem Marlene Dietrich oder Elvis Presley lächeln, ist was für die Alten und Gebrechlichen.

Der Name: Nur Schall und Rauch?

In der langen Zeit, in der sich der Emscherbrücher Pferdemarkt in die Cranger Kirmes verwandelte, gab es manche Bezeichnungen für den Rummel im Norden. Verbrieft ist z.B., dass im 19. Jahrhundert auch der Begriff „Hechtkirmes" verwendet wurde. Was natürlich an den Leckereien lag, die

Ein beliebtes Cranger Doppel-Motiv: Kettenflieger und Riesenrad. Abends wird auch schon mal die Farbe gewechselt.

von den Cranger Gastwirten aufgetischt wurden. Ausgesprochen beliebt waren Fische aus der Emscher, bevorzugt Hechte.

Die Chroniken verzeichneten dann für das Jahr 1922 die Bezeichnung „Cranger Jahrmarkt". Als aus den Ämtern Wanne und Eickel 1926 eine gemeinsame und eigenständige Stadt entstand, wurde der „Jahrmarkt" zur „Großstadtkirmes" hochgejazzt, obwohl Wanne-Eickel noch fast 30 Jahre brauchte, um endlich eine richtige Großstadt zu werden. Als das 1955 mit der Geburt des 100.000. Wanne-Eickelers endlich passierte, war die Kirmes schon wieder einen Schritt weiter und nannte sich „Cranger Kirmes". Wie sie auch heute noch ganz bescheiden heißt, liebe Düsseldorfer. Ihr habt ja eure „Rheinwiesen" zur „Größten Kirmes am Rhein" aufgepumpt.

Moderne Fahrgeschäfte sind schon lange keine Buden mehr. Alles, was in Crange steht und qualmt, sich dreht, schleudert oder katapultiert, braucht ordentlich Platz. Und den gibt es nicht zum Nulltarif. Die Gebühren für die Schausteller richten sich nach Art und Größe des Betriebes. Plus gegebenenfalls Zuschlag für Top-Lagen.

Kosten, Gelder und Gewinne

Wie viel Geld uns die Kirmes kostet, wissen wir ja. Aber was kostet sie die Schausteller eigentlich? Und was verdient die Stadt an Crange? Sicherlich eine Menge, möchte man glauben, denn schließlich lassen ja Millionen von Besuchern ziemlich viel Geld in Herne. Denkste, sagt das Ordnungsamt (oder richtiger: der Fachbereich Öffentliche Ordnung) und rechnet vor: Die Schausteller nehmen ihre Einnahmen nach der Kirmes ja mit nach irgendwo. Und versteuern tun sie die Gewinne an ihrem Wohnort oder Firmensitz. Da nur die wenigsten Schausteller ortsansässig sind, gehen auch die Steuern nach irgendwo.

Bleiben ja noch die Standpreise, die alle Schausteller an die Stadt Herne entrichten müssen. Aber da läppert sich auch nicht so viel zusammen. Die Gebührenordnung ist zwar umfassend, detailliert und ausgefuchst – aber die Stadt entschulden kann man damit wahrlich nicht. Kostendeckung ist das, was die Herner Organisatoren anstreben und auch immer hinkriegen. Schließlich kostet die Kirmes auch auf Städteseite einige Euros. Personaleinsatz für Organisations-, Kontroll-, Lenkungs- und Reinigungsdienste, Plakat- und Anzeigenwerbung, um nur einige Kostenfaktoren zu nennen.

Dem gegenüber stehen nur die Einnahmen für Stand-, Abstell- und Parkflächen. In der Gebührenordnung ist fein säuberlich geregelt, welche Art von Geschäft wie viel Euro pro Quadratmeter und Tag bezahlen muss. Kinderkarussels, Vergnügungen wie Toboggan oder Rutsche haben, je nach Größe, mit 34 bis 88 Cent pro qm pro Tag den günstigsten Tarif. Nur wer mehr als 1.000 Quadratmeter aufbaut, kommt auf Crange noch preiswerter weg: 16 Cent sind dann fällig. Aber nur das Bayernzelt braucht so viel Fläche.

Für Kasperletheater, Wahrsagungen oder „bewegliche Verkaufsstellen" wird nur eine Pauschale fällig, die unter 500 Euro für die gesamte Kirmesdauer liegt. Fahr- und Hochfahrbetriebe in den üblichen Größen sind auf Crange mit 0,74 bis 1,94 Euro pro Tag und Quadratmeter dabei. 2,70 Euro zahlen die Schießbuden, während die Glücks- und Geschicklichkeitsspiele mit bis zu 4,21 Euro zur Kasse gebeten werden. Die Verkaufsstände zahlen einheitlich 2,79 Euro und bekommen 50 Prozent Rabatt bei mehr als 100 qm. Die Gastronomen müssen Preise zwischen 4,60 und 5,80 Euro pro qm berappen, sofern sie nicht mehr als 60 Quadratmeter Fläche brauchen. Der Mengenrabatt für Großbetriebe geht dann runter bis auf 54 Cent.

Gut, man sollte abschließend noch erwähnen, dass für besondere Lagen (am Kopf oder über Eck) noch ein Topzuschlag von zehn Prozent genommen wird. Was dann mal auf konkrete Beispiele umgerechnet etwa bedeutet:
Rundfahrgeschäft mit 25 x 20 m =
ca. 6.200 Euro
Schießwagen mit 12 x 3 m =
ca. 1.190 Euro
Büchsenwerfen mit 8 x 3 m =
ca. 760 Euro
Süßwarenverkauf mit 6 x 3 m =
ca. 680 Euro
Kinderfahrbetrieb mit 14 x 12 m =
ca. 1.630 Euro

So viel zum Thema „reich werden". Zumindest, was Herne betrifft. Dass die Schausteller aber auch noch ein wenig zusätzlich zahlen, soll hier nicht unerwähnt bleiben. Für den Wasser- und Stromverbrauch natürlich, sowie in einen gemeinsamen Topf aller Schausteller, aus dem z.B. die beiden Feuerwerke finanziert werden.

Was bleibt für die Stadt übrig? Nur das Image. Und was lehrt uns die Werbung? Cranger Kirmes – manche Dinge sind einfach unbezahlbar.

In viele moderne Fahrgeschäfte passen pro Fahrt nicht mehr so viele Leute wie auf klassische Karussells, Scooter oder Bahnen. Dafür kosten sie aber ein Mehrfaches an Strom, Transport und Versicherung. Von den Entwicklungs- und Herstellungskosten gar nicht zu reden. Was sich irgendwie dann auch auf den Preis niederschlägt ...

Oben: King Kong vor der Geisterschlange; rechte Seite oben: Freifallturm Power Tower 2; unten: Achterbahn Wilde Maus.

Wer darf eigentlich nach Crange?

Darf eigentlich jeder Schausteller, der möchte, auf die Cranger Kirmes? Nein, darf er nicht. Zumindest nicht mehr heute und nicht mehr so ohne weiteres. Denn dazu reicht der Platz schon lange nicht mehr. Ein fünfseitiger Richtlinienkatalog legt fest, wer auf die Kirmes darf und was er dabei alles zu beachten hat. Während Letzteres so eine Art Hausordnung für die Kirmes ist und nie in Frage stand, wurde die Frage, wer nach Crange darf, durchaus schon kontrovers diskutiert.

Im 19. und frühen 20. Jahrhundert wurde im Wesentlichen darauf geachtet, dass keine Schaustellung gegen Moral, Anstand und manchmal auch Recht verstößt. Allzu leicht bekleidete Damen in den Varietés bekamen ebenso einen Platzverweis wie Falschspieler in den Glücksbuden. Manche Abnormitätenschau wurde zur Jahrhundertwende verbannt, und nach dem Zweiten Weltkrieg die Schießbuden, weil die Alliierten alle „Schaustellungen mit wehrsportlichem oder militärischem Charakter" verboten.

Als die 1970er Jahre erste ernsthafte Platzprobleme brachten, musste die Stadt etwas tun, was sie eigentlich gar nicht gerne tat: nämlich Bewerber abweisen. Beziehungsweise sich nach eingehender Prüfung für diejenigen entscheiden, die nach Crange eingeladen wurden. In jenen Jahren, als immer noch das „Höher-Schneller-Weiter" galt, entschied man sich bei den großen Fahr- und Unterhaltungsgeschäften für Neuheiten und Spektakel.

Mit der Rückbesinnung auf alte Traditionen wurde in den 1980ern ein Mix

 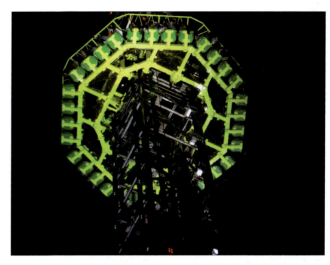

aus Modernem und Nostalgischem probiert: 1981 wurden die Richtlinien für die Zulassung zur Cranger Kirmes neu formuliert und dabei auch „Bekanntes und Bewährtes" als Vergabekriterium fixiert. Was vor allem den Schaustellern zu Gute kam, die eine lange Kirmestradition auf Crange hatten. Einige Schausteller, die mit diesem Auswahlverfahren nicht einverstanden waren, zogen daraufhin bis zum Oberverwaltungsgericht Münster. Dessen Urteil, dass nur die Attraktivität das Maß aller Dinge sei, sorgte für mächtigen Ärger. 1991 erhielten dann ca. 70 Stammbeschicker der Kirmes einen ablehnenden Bescheid.

2007 wurden die Zulassungsrichtlinien zuletzt überarbeitet. „Vorrangiges Ziel", heißt es darin, sei ein „attraktives und ausgewogenes Angebot der verschiedenen Betriebsarten untereinan-

Geld war schon immer Thema

So etwas wie Standgelder hat es in den frühen Jahrhunderten der Kirmes nicht gegeben. Als die Kirmes auch privates Gelände brauchte, um sich zu vergrößern, wurde von den umliegenden Landwirten einfach ein wenig Wiese angemietet. Die Stadt, damals noch das Amt Wanne, mischte sich erst Anfang des 20. Jahrhunderts fiskalisch ins Geschehen ein: 1904 konstatierte die Gemeindevertretung: „dass es wohl nicht unbillig sei, wenn diejenigen, welche aus der Kirmes den größten Vorteil ziehen, sich zur Zahlung eines entsprechenden Zuschusses an die Gemeindekasse verpflichteten."

Ein paar Jahre vorher stand gar ein Verbot der Kirmes im Raum. Macht nur Ärger und blockiert die Provinzialstraße. Aber damals galt es noch, als die Gemeindevertreter den Trumpf zogen: Wirtschaftsfaktor! Schließlich machten bis dahin die ortsansässigen Gastwirte und Händler den größten Crange-Reibach. Als die fliegenden Händler und Schausteller zur Kirmes an der Emscher kamen, war bald Schluss mit Umsonst und Draußen.

Standgelder wurden eingeführt, über deren Höhe aber in den Archiven nichts zu finden ist. Überhaupt sind die Informationen zu den Standgeldern dünn gesät. Gesichert ist, dass in den 1950er Jahren sogar Gewinne erwirtschaftet wurden. Die Stadt Wanne-Eickel nahm mit Standgeld, Verwaltungsgebühr, Vergnügungssteuer, Getränkesteuer, Werbe- und Baugebühren 27.600 Mark im Jahr 1952 ein. Sieben Jahre später waren es schon 37.760 Mark.

1972 erfuhr der Leser aus der Tagespresse, dass die Standpreise verdoppelt wurden. Viel mehr ist nicht. Immerhin wurden auch seit Beginn der Kirmes-Geschichtsschreibung nirgendwo irgendwelche Beschwerden der Schausteller über zu hohe Gebühren und Kosten notiert. Scheint sich also irgendwie ganz gut eingependelt zu haben.

Kirmesbummel 1935: Im Hintergrund ist die Überschlagsschaukel von Adolf Seibel zu erkennen.

In den 1960ern rückten die einzelnen Geschäfte auf der Kirmes näher zusammen. Es galt wie heute: möglichst wenig Platz verschenken.

der als auch innerhalb der jeweiligen Betriebsarten (differierende Geschäftstypen) zu schaffen". Und wenn es bei den Bewerbern ein Überangebot gebe, dann sollen Neuheiten und Premieren bevorzugt werden, oder Betriebe, die von Angebot, Ausstattung und Gestaltung attraktiver sind als ihre Mitbewerber. Bei Gleichheit entscheidet das Los. Ganz verkürzt gesagt.

Und überhaupt: Wer auf die Cranger Kirmes will, muss sich spätestens im November des Vorjahres um einen Platz bewerben. Wobei die Zulassungsrichtlinien noch ein kleines Schlupfloch für flexible Kurzentschlossene anbieten: Mit der sogenannten „Freivergabe" werden Lücken zwischen größeren Betrieben geschlossen. Anmeldeschluss: am Montag vor Kirmesbeginn.

Spektakuläre Höhenfahrgeschäfte sind immer willkommen, da sie das Kriterium „besondere Anziehungskraft" erfüllen. Dumm nur, wenn zwei Schausteller etwa gleiches Gerät haben. Dann entscheidet das Los. Na, und zum „attraktiven und ausgewogenen Angebot" gehört natürlich auch der Riesen-Bierstand mit ordentlich Licht auf dem Dach (gehört auch zu den Auswahlkriterien: „... Beleuchtung, Lichteffekte ...").

Lass krachen!

Vor etwa 600 Jahren, also zu der Zeit, als in Crange die ersten Wildpferde verkauft wurden, erfanden die Chinesen das Feuerwerk. Bis beides an der Emscher in Wanne-Eickel zueinander

fand, sollten aber noch mehr als 500 Jahre vergehen. Bis 1949, genauer gesagt. Denn in diesem Jahr wurde auf Crange erstmals ein Feuerwerk gezündet. Was bei den Besuchern so gut ankam, dass es schnell zum festen Bestandteil der Kirmes wurde.

In den 1950er Jahren gab es neben dem Abendfeuerwerk ein zweites Spektakel, das vor allem für Familien und Kinder gedacht war, denn es wurde bereits am Nachmittag gezündet. Und es waren vor allem Märchenfiguren wie Schneewittchen und Rotkäppchen, die mit speziellen Feuerwerkskörpern in den Himmel gemalt wurden. Papierne Schweine, Würfel und Puppen flogen ebenfalls am Sonntagnachmittag durch die Luft, während abends dann das klassische Höhenfeuerwerk die Kirmes ausklingen ließ.

Das krachende und funkelnde Abschluss-Spektakel wurde ursprünglich von den Schaustellern bezahlt – als ihr Dank an Crange und die Besucher der Kirmes. Das Tagesfeuerwerk wurde in den 1960er und 1970er Jahren nicht mehr fortgesetzt. Dafür gab es dann ab 1985 neben dem Abschlussfeuerwerk auch eines zur Eröffnung am ersten Kirmestag, wie es heute auch noch gepflegt wird.

Die Kosten des bunten Spektakels über Crange (in den letzten Jahren ca. 20.000 Euro) teilen sich die Schausteller, die Stadt Herne und das Stadtmarketing.

Mal ein seltener Blick auf Feuerwerk und Kirmes von der anderen Kanalseite.

Alle 500 Schausteller der Kirmes passen in dieses Buch natürlich nicht rein. Deshalb gibt es in diesem Kapitel – stellvertretend für alle Macherinnen und Macher – eine kleine Auswahl von Impressionen vor, hinter und neben den Kulissen.

Die Macher und ihre Helfer

Das moderne Schausteller-Gewerbe entwickelte sich ab Mitte des 19. Jahrhunderts. Waren es bis dahin meist ansässige oder reisende Handwerker und Cranger Gastronomen, die das Programm der Kirmes gestalteten und bereicherten, so kamen Ende des 19. Jahrhunderts immer mehr reisende Schausteller nach Crange.

Anfangs waren die Schausteller noch wirkliche Schau-Steller mit ihren Panoptiken, „Museen", Völker- und Tierschauen, Klein-, Puppen- und Kasperletheatern, pathologischen Ausstellungen, fahrenden Zoos und Zirkussen und später auch den Kinematographen. Dazwischen Musiker, Bänkelsänger, Drehorgel- und Ziehharmonikaspieler.

Alle diese Schausteller, die sich bald in eigenen Organisationen zusammenschlossen, reisten durchs Land, Crange war nur eine ihrer Stationen. Aber eine ihrer wichtigsten. Auf Crange zeigten sie ihre Neuheiten und machten ordentlich Kasse, denn schon zu Beginn des 20. Jahrhunderts war die Cranger Kirmes längst kein kleiner Vorstadt-Rummel mehr. 1926 verzeichnete man 350 Schausteller auf Crange, und zehn Jahre später waren es bereits 500 Betriebe.

In den Jahren des Zweiten Weltkrieges wurde die Kirmes in kleinerem Umfang weitergeführt. Schließlich machte die Mobilmachung auch

Kann passieren, wenn man Schaumeis in heiße Schokolade taucht ...

Hauptgewinn mit verdammt langen Ohren.

Hier gibt es die roten Lose!

nicht vor den Schaustellern und ihren Helfern halt. Krieg war wichtiger als Kirmes.

Nach Kriegsende musste auch die Kirmes aus den Trümmern neu entstehen. Schon 1948 wurden bereits 160 Schausteller gezählt, die im August nach Crange kamen. Und es dauerte nicht lange, bis ihre Zahl wieder auf rund 500 stieg, womit auch gleichzeitig die Kapazitätsgrenze der Kirmes erreicht war. Auch heute sind es im Schnitt 500 Betriebe, die eine Genehmigung bekommen, mehr passen einfach nicht auf den Platz.

Etliche der Schaustellerfamilien, die auch heute noch auf Crange und anderen Jahrmärkten zu finden sind, haben eine lange Geschichte. Manche bis weit zurück ins 19. Jahrhundert. Wie etwa die Geschichte der Ruhrgebiets-Schausteller-Dynastie Biermann-Seibel-Petter. Die Essener Konditorenfirma Biermann kam bereits in den 1870er Jahren nach Crange und erweiterte sich mithilfe von Heirat um Adolf Seibel, der zum fahrenden Volk stieß und die Konditorbude um ein Bodenkarussell bereicherte. Kinder und Kindeskinder wuchsen in die Betriebe hinein (Hans Biermann wurde 1913 sogar auf der Cranger Kirmes geboren), übernahmen sie später, gründeten neue und so weiter.

Eine der Seibels heiratete dann Traugott, einen Sprössling der Herforder Schaustellerfamilie Petter (Hochzeit übrigens auf Crange) und war bald mit Tier-, Abnormitäten- und Liliput-Schauen unterwegs. Später brachten die Petters dann Karussells, Kettenflieger und Autoscooter nach Crange. Aus dieser Schaustellerdynastie, die mehr als 100 Jahre Cranger Kirmes auf dem Buckel hat, sind noch die Petters bis in die Jetztzeit geblieben. Mit Imbiss, Ausschank und Autoscooter.

Aber auch andere Schaustellerfamilien haben viele Jahrzehnte die Cranger Kirmes begleitet. Ob Bruch, Kuckartz, Malferteiner, Parparlioni, Ritter, Schäfer, Schmalhaus oder Teigeler, die allesamt auch heute noch auf dem Rummel vertreten sind. Oder andere Namen, die bei vielen Generationen von Crange-Besuchern einen guten Klang haben, wie etwa Busch, Gropengießer oder Kallenkoot, die einst mit ihren Achterbahnen beeindruckten. Oder Anton Mihs, der Herner Zuckerbäcker, oder die Trabers, die einst als Artisten und später dann als Gastronomen nach Crange kamen. Und nicht zu vergessen die Kebbens, Rupperts, Siebolds, Strackes oder Wissingers, die ebenfalls auf eine lange Crange-Tradition zurückblicken.

Neben den Schaustellern gibt es aber noch eine ganze Reihe von Menschen, ohne die eine Cranger Kirmes nicht denkbar wäre. Da wären zum einen die Mitarbeiter der Stadt Herne, Fachbereich Öffentliche Ordnung, die für die Gesamtorganisation des Volksfestes verantwortlich sind. Ein kleines Team arbeitet fast das ganze Jahr über im Hintergrund an den Vor- und Nachbereitungen der Kirmes. Bevor dann die zehn Live-Tage im August beginnen, stehen deren Schreibtische in der

Nachtstreife.

Allzeit bereit.

Flagge zeigen.

Lagebesprechung.

Kirmesleute früher: ein Fahrgeschäft-DJ in den späten Sechzigern (links oben); Crange-Legende Peter Traber, dessen Familie von Akrobatik auf Gastronomie umgesattelt hatte (oben rechts); Schausteller-Unterkunft in den 1920ern (Mitte links); der Drehorgelspieler war noch bis in die 1980er in Crange (Mitte rechts) und die Familie Kebben hatte in den 1950ern die Thüringer Rostbratwurst nach Crange gebracht.

ehemaligen Cranger Schule, der heutigen Jugendkunstschule. Bis zu 15 Leute sind dann rund um die Uhr im Cranger Einsatz.

Auch Polizei und Rettungsdienste beziehen vorübergehend auf Crange Quartier, um im Falle eines Falles näher am Einsatzort zu sein. In der Cranger Geschichtsschreibung finden sich nur sporadisch Informationen zu deren Präsenz auf der Kirmes. So gab es auch in früheren Jahrzehnten schon mal tätliche Auseinandersetzungen unter den Besuchern, manchmal mussten Beamten auch einschreiten, um unsittliche Schaustellungen oder betrügerisches Glücksspiel zu unterbinden. 1882 erregten z.B. Schausteller öffentliches Ärgernis durch Wachsfiguren von Verbrechern. Zu sehen auch für Kinder – bei ermäßigtem Eintritt.

Was die medizinische Versorgung betrifft, wissen wir, dass wohl erstmals im Jahr 1926 eine freiwillige Sanitätskolonne im Einsatz war, die „viel zu tun" hatte. Auch heute geht eine Kirmes nicht ohne kleine Pannen und Blessuren über die Bühne. Wie auch, bei mehr als 4 Millionen Menschen auf gerade mal 110 Hektar Fläche. Und so ist es gut zu wissen, dass Polizei, Sanitäter und Ärzte nah dabei sind.

Aber auch andere Dienste, von denen man als Besucher nichts mitbekommt und über die man wenig weiß, sind oder waren auf Crange aktiv: Das Kirmespostamt mit Sonderstempeln und 1958 sogar einer eigenen Sondermarke gibt es heute nicht mehr. Der Schausteller-Kindergarten gehört, ebenso wie die Außenstelle des Arbeitsamtes für die Vermittlung von Aufbauhelfern und Aushilfen, nach wie vor zum Repertoire der Cranger Grundversorgung.

Auch die Kirmes-Seelsorge gibt es immer noch, ebenso wie den Schausteller-Gottesdienst und die Einladung an Kirmes-Besucher, einige Minuten der Einkehr und Andacht inmitten des Cranger Rummels zu verbringen: Die Cranger Kirche steht ja mittendrin im bunten Treiben.

Nicht klein zu kriegen: Der Hinterhofausschank der Kleins.

Die Einsatzzentralen von Polizei ...

... und Feuerwehr

Feierabend!

Feierabend!

Feierabend!

Der Lärm, den so eine Kirmes macht, kann manchmal auch als störend empfunden werden. Besonders nachts. Es soll ja auch Anwohner geben, die – Kirmes hin oder her – morgens früh aus den Federn müssen. Also wird nachts auch mal Pause gemacht auf dem Festplatz und rundum.

Die Sperrstunde beginnt um Mitternacht, für die beiden Freitage und Samstage gilt als Limit 2 Uhr. Wenn der letzte Zapfhahn nach oben gedreht, die letzte Wurst vom Grill genommen wird, und sich der ganz harte Kirmes-Kern auf den Heimweg macht, ist auf Crange noch nicht wirklich Feierabend. Die Schausteller machen Klarschiff auf und vor ihren Standflächen, packen den Abfall in Müllbeutel, die dann fein säuberlich aufgeschichtet auf ihren Abtransport warten.

Um 5 Uhr morgens beginnt die Schicht der Müllwerker auf dem Kirmesgelände. Mit zwei Groß- und drei Kleinfahrzeugen wird verladen, was der Vortag übrig gelassen hat. 300 Kilometer Fahrstrecke fallen täglich insgesamt an, bis alles entsorgt ist.

Feierabend!

Feierabend!

Das Prinzip der Mülltrennung wird dabei außer Acht gelassen: Es ist technisch und organisatorisch einfach nicht machbar.

Keine Stunde dauert die Müllverladung und -abfuhr, dann rücken die Kehrmaschinen an. Mit drei großen und drei kleinen Spezialfahrzeugen wird alles das entfernt, was noch lose auf den Wegen liegt oder klebt. Etwa 15 Mitarbeiter der Entsorgung Herne sind täglich im Einsatz. Der Dienst auf der Kirmes ist beliebt bei den Leuten, selbst wenn man heute keine Münzen mehr auf dem Kirmesplatz findet.

You'll never walk alone: Security ist auch nachts im Einsatz.

So soll es sein: Müll, blau, gebündelt.

Nach drei bis vier Stunden ist der Einsatz auf Crange erledigt. 250 bis 300 Tonnen Müll fallen pro Kirmes an. In Zukunft könnten es sogar noch mehr werden, denn der Anteil von oftmals überflüssigen Verpackungen wächst stetig. Trotzdem ist die Müllmenge immer noch überschaubar. Ein 25.000-Einwohner-Städtchen produziert in 10 Tagen etwa ebenso viel Abfall. Nur: Auf Crange sind es mehr als 4 Millionen Menschen.

Eine ebenfalls sehr beliebte Schicht bei den Müllwerkern ist der

Müll-Übergabe unter dem Cranger Tor.

Und zack, schon ist er verladen.

Kirmesumzug. Traditionell stellt eine „Abordnung" der Entsorgung Herne die letzte Gruppe des vier Kilometer langen Festzugs. Schließlich muss unterwegs alles aufgesammelt werden, was der Zug weggeworfen oder zurückgelassen hat. Viel Fingerspitzengefühl ist dabei gefragt, denn Entsorgung und Reinigung finden bereits statt, während die Zuschauer des Umzuges auf und an den Straßen noch fröhlich weiterfeiern. Aber die Straßen sollen ja schnell wieder für den Verkehr freigegeben werden.

Fast 600 Jahre Cranger Kirmes: Die Suche nach dem Urknall

Das war schon was: Cranger Pferdemarkt 1908.

Marktszene Anfang des 20. Jahrhunderts.

Als im 19. Jahrhundert einige wenige begannen, die Geschichte ihrer Heimat zu erforschen und niederzuschreiben, interessierte sie neben vielen anderen Dingen natürlich auch, wie und vor allem wann die Cranger Kirmes ihren Anfang hatte. Denn auch diese alten, längst verstorbenen Männer, die in die Welt an der Emscher hineingeboren wurden, kannten den Pferdemarkt am Laurentiustag (10. August) mit anschließender Belustigung seit Kindesbeinen.

Die Suche nach dem Cranger Urknall war schwierig, egal ob die Pferde- oder Heimatforscher nun Friedrich Karl Devens, Gustav Hegler oder Friedrich Brockhoff hießen. Klar war nur, dass die Kirmes sich als angenehme Begleiterscheinung eines jährlich stattfindenden Pferdemarkts entwickelte.

Also machte es Sinn, nach den Ursprüngen des Pferdemarktes zu forschen – aber auch hier gab es keine eindeutigen Quellen. Erstmals wurde die Wildpferde-Rasse „Emscherbrücher Dickköppe" 1369 urkundlich erwähnt. Allerdings war von einem Pferdemarkt in Crange zu diesem Zeitpunkt noch keine Rede. Denn Crange wurde eigentlich erst 1441 so richtig amtlich, als Dierck von Eickel mit Haus Crange belehnt wurde. Und zwar – wie konnte es anders sein – am 10. August.

Übersetzt bedeutet dies, dass Dierck von Eickel sich sein Haus Crange oben an der Emscher bauen durfte – und dafür dem nächst höheren Adligen Dienste und Abgaben leisten musste. Also hatte

Dierck von Eickel großes Interesse daran, rings um seinen neuen Herrensitz alles auf Vordermann und vor allem unter seine Kontrolle zu bringen. Wozu natürlich auch der Pferdehandel gehörte, über den es in der Folgezeit dann auch Aufzeichnungen gab.

Also scheint die Annahme der Heimatforscher nicht falsch, dass der Pferdemarkt auf Crange irgendwann zwischen 1369 und 1441 seine Anfänge hatte. Dass man im Jahr 1935 auf die Idee kam, dieses Ereignis punktgenau auf den 10. August 1435 zu datieren, lag aber nicht an neuen historischen Erkenntnissen, sondern schlicht an ideologischen Überlegungen.

Die Cranger Kirmes genoss in den 1930er Jahren eine viel zu große Bedeutung und Beliebtheit, als dass sich die Nationalsozialisten, zwei Jahre zuvor an die Macht gekommen, diese Chance entgehen lassen wollten. Zwar hatte nicht der Führer die Kirmes erfunden, aber anlässlich einer 500-Jahrfeier konnte man ordentlich Hakenkreuzflagge zeigen und der Festivität einen völkischen Charakter geben. Also beschloss man, dass sich exakt am 10. August 1935 die Cranger Kirmes zum 500. Mal jährt.

Nach dem Zweiten Weltkrieg machte man zunächst einen vergeblichen Versuch, das Rad der Geschichte zurück zu drehen und proklamierte 1949 noch einmal die 500. Cranger Kirmes. Was aber historisch falsch war, wenn man den Beginn des Pferdemarktes als Stunde Null der Cranger Festivitäten ansieht. Denn 1449 war Dierck von Eickel ja schon eine Weile in Amt und Würden und der Pferdemarkt etabliert.

Die falsche Geschichtsschreibung wurde stickum wieder begraben und das erste, nicht ganz so falsche, aber eben nicht gesicherte Datum 1435 wieder hervorgeholt und weitergezählt. Und so feiern wir im Jahr 2014 die 579. Cranger Kirmes. Aber selbst wenn es erst die 500. wäre, hätten wir allen Grund, auf Cranges Historie stolz zu sein. Kaum ein anderes der großen Volksfeste hat auch nur annähernd eine solche Tradition: Das Münchener Oktoberfest ist gerade mal 200 Jahre alt geworden, und der Cannstatter Wasen in Stuttgart hat noch nicht mal diese 200 Jahre geschafft.

Zirkusse waren früher ein fester Bestandteil der Kirmes.

Das Ensemble des Zirkus Busch im Jahr 1930.

Publikumsmagnet der 1920er Jahre: Kasperletheater – auch für Erwachsene!

Puppentheater 1935.

Charlie Chaplin und Hans Albers auf einer Bühne? Nur als Doubles auf Crange.

Das war einmal ...

Als die Zeitungen noch keine Bilder druckten und Erfindungen wie Kino oder Fernsehen noch in weiter Ferne lagen, hatte eine Cranger Kirmes noch ganz andere Schwerpunkte als heute. Fahrgeschäfte? Ja, sofern sie mit Muskelkraft zu betreiben waren. Verkaufsbuden gab es auch: Allerdings meist mit Dingen des täglichen Bedarfs. Darüber hinaus gab es aber eine Fülle von Angeboten, die heute völlig – in Einzelfällen nahezu – ausgestorben sind.

Damals waren die Schausteller nämlich noch Schausteller im ursprünglichsten Wortsinn: Auf Crange stellten sie Tiere zur Schau, Artistik und Akrobatik. Es gab Abnormitätenschauen mit tatsächlichen Missbildungen wie etwa siamesische Zwillinge und mit gebluffte Abnormitäten wie der Spinnenfrau, deren Kopf dank optischer Täuschungen auf einem Spinnenkörper saß. Zwergwüchsige Menschen wurden im Liliputaner-Zoo vorgeführt und Afrikaner als Menschen mit Vogelköpfen.

Crange befriedigte Sensationslust und Wissensdurst, denn es

gab auch Schaustellungen, in denen Wissenswertes über ferne Länder oder den eigenen Körper vermittelt wurde. Wobei auch hier Entertainment groß geschrieben wurde: ob orientalische Prachtschau, fernöstliches Theater, Wildwestschau, Wachsfiguren, Hypnose oder Aufklärung. Und als Ende des 19. Jahrhunderts die Bilder laufen lernten, kamen die ersten Kinematographen natürlich auch nach Crange.

Auch Artistik gehörte zu Crange. Oft waren es ganze Zirkusse, die sich auf und im Umfeld der Cranger Kirmes niederließen. Später waren es dann Varietés und Schaubuden, die sich auf Nervenkitzel der besonderen Art einstellten: Messerwerfer, Säbelschlucker, Entfesselungskünstler, Lasso-Artisten, Dompteure, Todesradfahrer ohne und (später) mit Motor, Fakire und Wahrsager.

Die harmloseren Varianten der Schaubuden waren Kasperle- und Puppentheater, vor denen aber nicht nur Kinder saßen. Die Melodien der Leierkästen und Drehorgeln lieferten den Sound der frühen Kirmessen. In den 1920er Jahren begann die Dominanz dieser historischen Schaustellungen zu bröckeln. Die Technik eroberte den Kirmesplatz und verdrängte nach und nach die Völker- und Abnormitätenschauen, die Wachsfiguren, Varietés und Zaubertheater, Panoramen und Menagerien.

In die Zeit nach dem Zweiten Weltkrieg schafften es aber noch einige der klassischen Schausteller. So gab es eine Liliputanerschau noch bis in die 1960er Jah-

Ensemble von Hirschs Liliputrevue.

Noch in den 1960er Jahren standen die Menschen Schlange vor Schneiders Revue.

Liliput-Ensemble in den 1930er Jahren.

re, der „Rattenfänger von Hameln" präsentierte 400 dressierte Ratten, beim Meerschweinchenrennen konnte man auf den schnellsten Nager setzen. Auf der Ponybahn durften Kinder im Kreis reiten, und die Hai-, Delphin- und Krokodilschauen galten noch nicht als Tierquälerei.

In den 1960er Jahren verschwanden diese Schaustellungen aber nach und nach, die Leierkastenmänner wurden in Rente geschickt, und die Marionetten- und Zaubertheater waren bald nicht mehr auf Crange, sondern nur noch im TV zu sehen. Und die Varietés konnten selbst mit einem Striptease nicht mehr entscheidend punkten.

Nur ganz wenige Betriebe schafften es bis in die Neuzeit: die Steilwandfahrer, die auf ihren Motorrädern waghalsige Stunts in der Horizontalen fahren. Und natürlich die Boxbuden, in denen Kirmesbesucher gegen die Show-Kämpfer antreten können. Übrigens: Für einige Jahre galt ein strenges Jugendverbot bei Box-, Catch- oder Ringveranstaltungen. Kampfsport kam in Crange auf den Index. Zu groß schien 1959 den Stadtoberen die Gefahr, dass vor allem junge Leute durch die Kämpfe verrohen und seelischen Schaden nehmen könnten. Die Veranstalter wichen allerdings auf Privatgrundstücke in Kirmesnähe aus. Bis dann Ende der 1960er Jahre die Kampfbuden wieder aufs Kirmesgelände durften.

Bild oben: Nein, das ist keine frühere Version des Französischen Dorfes, sondern eine Liliput-Stadt.
Bilder Mitte: Die Frau mit zwei Köpfen und Menschen mit Vogelköpfen gehörten Anfang des 20. Jahrhunderts zu den Attraktionen der Cranger Kirmes.
Bild unten: Kleinwüchsige Eskimos versprach diese Schaubude ihren Besuchern.

Fahrendes Volk: Sinti und Roma in Crange

Als „Zigeuner" wurden in früheren Jahrhunderten alle nicht sesshaften und umherziehenden Menschen bezeichnet, darunter auch die Volksgruppen der Sinti und Roma. Über viele Jahrzehnte, vor allem im 19. und im frühen 20. Jahrhundert, war der Cranger Rummel ohne „Zigeuner" gar nicht denkbar. Ihre Fachkompetenz in Pferdehaltung und -pflege war gefragt, und ihre exotischen Mitbringsel und Darbietungen faszinierten nicht nur die Kinder: Dressierte Tiere, Musik, Akrobatik standen auch bei Erwachsenen hoch im Kurs.

Wenn die Zigeuner nach Crange kamen, schlugen sie ihre Lager nicht direkt auf dem Kirmesplatz auf, sondern auf den damals noch reichlich vorhandenen Freiflächen drum herum. Für viele Crange-Fans gehörte der Besuch des Zigeuner-Lagers zum festen Bestandteil ihres Kirmes-Tages. Die Faszination des Fremden, die Lebensweise der Ungebundenen brachte Farbe und Spannung nach Crange.

Zu Beginn des 20. Jahrhunderts änderte sich die Stimmung der Einheimischen gegenüber den Fremden. Zeitungen und Bürgertum machten Front gegen die Sinti und Roma und warnten vor deren „Frechheit, Geldgier und Zudringlichkeit". In den 1930er Jahren und vor allem nach der sogenannten Machtergreifung der Nazis kippte die Stimmung endgültig. Da nutzte es wenig, dass der Herner Anzeiger noch im August 1936 schrieb: „Die Zigeuner gehören zur Cranger Kirmes wie das Amen am Ende eines Gebetes. Sie tragen dazu bei, der Kirmes einen interessanten Anstrich zu verleihen."

Mit der systematischen Verfolgung, Vertreibung und Ermordung der Zigeuner endete auch deren Ära in Crange endgültig. Das gleiche Schicksal ereilte auch die jüdischen Schausteller, von denen ebenfalls etliche eine lange Crange-Tradition hatten.

Pferdejunge auf Crange im Jahr 1928.

Zigeunerlager auf Crange in den 1920er Jahren.

Wer nicht wirbt, bleibt Provinz

Seit es Zeitungen, Anzeiger und Anschläge im Ruhrgebiet gab, wurde natürlich auch auf den Cranger Pferdemarkt hingewiesen, zu dem die Interessenten früher sogar eine längere Anreise in Kauf nahmen. Schließlich wurde bei uns Qualität gehandelt. Als sich dann im 19. Jahrhundert das Rahmenprogramm zuerst in den Gastwirtschaften und dann auch drumherum entwickelte, waren es die Wirte, die mit Anzeigen für ihr Programm und ihr Angebot warben.

Anfang des 20. Jahrhunderts kamen dann auch Inserate der Schausteller dazu, die in den Zeitungen und Anzeigern für ihre Lustbarkeiten auf Crange Reklame machten.

Eine eigenständige Werbung für die Kirmes gab es erstmals 1935. Als die damaligen nationalsozialistischen Machthaber beschlossen, dass die 1935er Kirmes die 500. sein sollte, ließen es sich die Stadtväter einiges kosten, um für die auch im völkischen Sinne bedeutende Veranstaltung zu werben. Plakate, Inserate, Pressetexte und Programmhefte fanden auch ihren Weg in die Nachbarstädte.

1937 hatte die Plakatwerbung eine Auflage von 2.000 Stück, zweifarbig in A 1 und reichte weit über die Nachbarstädte sogar bis zur holländischen Grenze. Und damals sensationell: Der noch in den Kinderschuhen steckende Rundfunk berichtete live von der Kirmes. Busse und Bahnen richteten Sonderlinien ein, die auch die Nachbarstädte bedienten. Die meisten Besucher von „außerhalb" kamen übrigens aus Herne.

In den 1950er Jahren nahm die Bekanntheit der Kirmes deutlich zu, dank vieler Werbemaßnahmen der Stadt, die auf einen Einzugsbereich bis 250 km schielte. Bestens dabei zu sehen: Die Flugzeugwerbung mit den Schleppbannern. Plakate gab es natürlich auch, und diese fortan aus sogar Künstlerhand. Der damals bei der Stadt beschäftigte Helmut Bettenhausen steuerte über viele Jahre die Motive bei.

Die Cranger Kirmes tauchte aber nicht nur am Himmel und auf Plakaten sondern auch als Bandenwerbung in Schalke, Dortmund und Bochum auf. Mit einem bunten Windrad, dem 1972 vorgestellten Kirmessymbol (ebenfalls von Bettenhausen), entstanden dann die ersten Merchandising-Artikel für Crange: Bierdeckel, Plastiktüten, Jutebeutel, Anstecknadeln und diverse Aufkleber.

Überhaupt gab die Stadt Wanne-Eickel in den 1970ern noch mal richtig Gas mit der Kirmes. Sondershows mit Fallschirmspringern und einem Kanalfest mit Wasserorgeln, Vergnügungsdampfern und hundert beleuchteten Booten. Mit dem Auflass von 1.000 Tauben, der Einführung eines Familientages und eines Altennachmittags zog die Kirmes überregionale Aufmerksamkeit auf sich. Und in den 1980er Jahren durfte die Cranger Kirmes im Rahmen einer bundesweiten Imagekampagne sogar für das ganze Ruhrgebiet werben: Sie galt eben auch als ein „starkes Stück Deutschland".

Mittlerweile ist Werbung mit der Kirmes und Werbung für die Kirmes die Aufgabe der Herner Stadtmarketing GmbH. Und die klebt nicht nur Plakate, sondern ist in nahezu allen Medien präsent. Da gibt es die Website zur Cranger Kirmes, Anzeigenwerbung in Zeitungen mit einer Reichweite von 23 Millionen Print-Kontakten, Radiospots, Social Media-Präsenz, bundesweite Pressemeldungen – und natürlich immer noch Plakate: Mehr als 1.600 in Herne und im mittleren Ruhrgebiet in A 1 – sowie 350 bis 400 Großflächenplakate in den Top-Lagen des Reviers.

Mit dem Ergebnis, dass es im Ruhrgebiet Anfang August kaum möglich ist, die Cranger Kirmes nicht wahrzunehmen.

Die auf den Folgeseiten abgebildeten Plakate können als Ausdrucke in A 2 (gegen Gebühr) bei der Stadt Herne bestellt werden. Fachbereich Vermessung und Kataster.

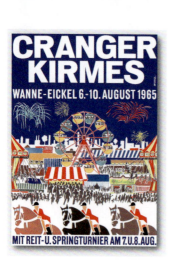
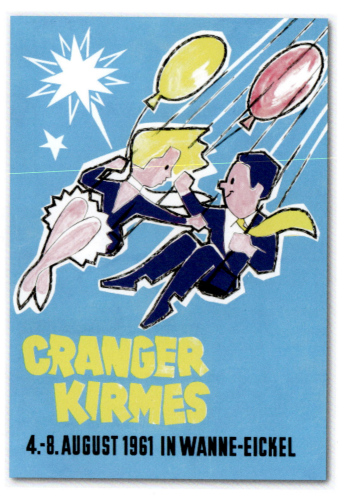

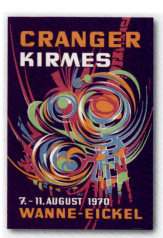

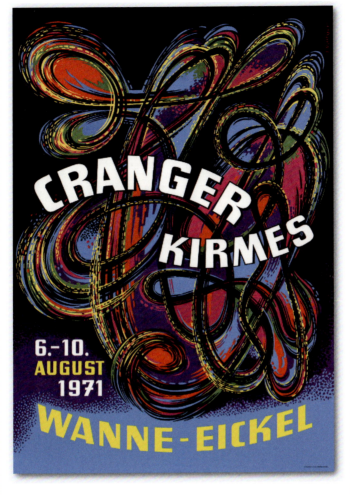

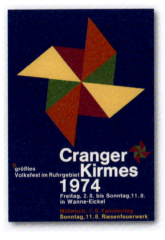

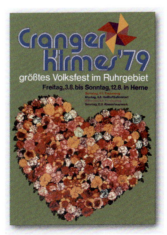
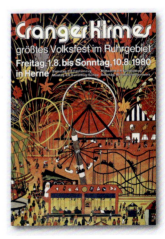

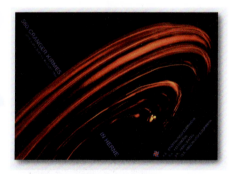

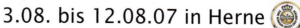
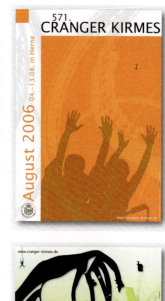